U0659191

贸易能力塑造国家能力

马行空◎著

人民东方出版传媒

东方出版社

他序　贸易将继续改变世界

马行空的《贸易能力塑造国家能力》一书，通过全球贸易战的历史，提出了一个在霸权主义主导的国际秩序下，贸易能力和国家能力之间如何互动的分析框架和视角，具有学术和阅读价值，也有一定的现实意义。

贸易在全球人类史上至关紧要，源远流长，自古有之。人类历史的演变和进步，脱离了国际贸易的维度，几乎是不可能的。以古代为例，罗马帝国和汉帝国，经波斯所构成的国际贸易链条，深深地影响了罗马帝国和汉帝国，甚至欧亚大陆的走向。可以说，没有国际贸易的世界历史和主要国家的国别历史，是残缺的甚至难以成立。所以，美国历史学家彭慕兰（Kenneth Pomeranz）和史蒂夫·托皮克（Steven Topik），十余年前出版了一本书，中文译名是《贸易打造的世界》，英文是 *The World That Trade Created*，我更愿意将这本书翻译成《贸易创造世界》。

如何解读国际贸易的历史，实在有不同的方法和角度。前面所说的那本《贸易打造的世界》，主要是通过市场准则的形成、运输手段、食品文化、世界贸易中的主要产业和商品，甚至工业化和去工业化的经济发展阶段，探讨近现代的国际贸易历史。另外，还有诸如通过国家与国家之间的贸易历史，特定产业的贸易历史，甚至企业的历史，揭示贸易背后的深层结构与原理。在经济学界，国际贸易从来是经济学家关注和研究的对象。从亚当·斯密，李嘉图开始，一直到现在的禀赋要素优势比较理论，都试图对贸易予以经济学的诠释。

在人类近现代的贸易史中，确实存在着一个重要的历史现象，这就是：一些代表性国家的崛起与衰落，往往与该国在国际贸易中的地位的举足轻重和式微紧密联系在一起；而一个国家在世界贸易中的崛起与衰落，往往又不是自然发生的，而是通过国与国之间激烈的贸易竞争，甚至伴随着军事冲突实现的。这种现象，确实可以被解读为国与国之间的贸易战争。所以，近年来，人们将国际经济历史中的经济现象用"战争"加以概括，成为相当普遍的现象，最典型的有"金融战"、"科技战"、"贸易战"。这样的说法，除了对读者和大众有吸引和冲击力之外，不无道理。但是，需要看到，在讨论世界经济、贸易、金融、科技之类的领域，绝非如此简单，绝不是一个"战"字所能概括的。以国际贸易为例，所以能够在规模上日益扩大，在结构上日趋复杂，最终取决于一个为世界各国接受的"准则"和"秩序"。所以，世界国际贸易，存在一系列繁复的"贸易协定"、"贸易公约"、国际商法，以及各类国际贸易组织。海盗式的、旧殖民主义的、强权霸道的贸易模式，已经成为历史；贸易和战争直接结合的模式，在20世纪70年代的中东石油战争之后，愈来愈罕见。值得肯定的是，本书在"贸易战"的视角下，触及了当代世界贸易战，与工业革命前和工业革命后的贸易战的主要差异问题。例如，对美日之间，美欧之间贸易战中所包含的金融战、科技战，以及影响国际贸易的各类国际组织，包括1947年的"关贸总协定"和1994年创立的WTO在国际贸易中的地位，都做了必要的探讨与描述。

在这样的历史大框架下，这本书还试图探讨所有这些贸易战的缘起、特征和历史后果。本书勾画出全球"贸易战"的时间框架和主要贸易战的对手：（1）前资本主义时代前资本主义时代。其中，具有现代意义的贸易战，起始于15世纪的葡萄牙。而葡萄牙和西班牙之间的贸易战则开启了近现代国家贸易战的先河，拉开了殖民主义贸易的序幕。标志性事件则是1492年哥伦布发现新大陆，和1519年的麦哲伦的环球航行。（2）之后世界进入"资本主义生产方式"的形成阶段，贸易战的主角是荷兰与英国。（3）从19世纪末至20世纪初，北美工业化的成功，美国成为新时代贸易战的赢家。（4）第二次世界大战之后，冷战爆发，美、苏两国成为不同经济制度贸易战的代表国家。只是这场贸易战最终以苏联1991年的解体而结束。（5）在所谓"文明"时代的美国与日本、美国与西欧，以及正在进行时的美国与中国的贸易战。

在全球贸易历史中，任何贸易强国的崛起，都有特定的历史原因。其中，葡萄牙之所以登上世界近代史的舞台，一度成为世界贸易大国的历史，根源于率先完成了"民族主义革命"，并经过长达四十年的努力，成为欧洲的"航海中心"。拥有庞大船队，先进造船技术，专业探险家和航海家。西班牙成为新兴贸易国家，根源于发现美洲新大陆，获得了巨额的黄金和白银。荷兰后来居上，根本原因是荷兰成了"17世纪标准的资本主义国家"，重塑了世界贸易秩序，创造了适应当时国际贸易特征的"公司制度"，以及在纺织、捕鱼、造船等领域的技术优势。至于英国之所以成为世界霸主，其根本原因是主导工业革命的成功，实现了工业革命、殖民主义和世界贸易中扩张的紧密互动。美国代表的新式贸易霸权，有一战和二战的历史机遇，更与美国实现工业与科技的结合，以及包括金融、知识产权、文化信息产品在内的非物质贸易，广义的服务贸易的优势不可分割。

作者以国与国之间的贸易战为主要线索，不仅梳理和展现了时间跨度为五六百年的国际贸易历史，还提出理解和观察国际贸易的诸多问题：（1）如何从理论上说明和解释国际贸易的演进和发展？美国经济学家斯蒂格利茨（Joseph Stiglitz）就提出需要"重新定义比较优势理论"，特别强调了"动态比较优势"的概念。（2）如何分析在全球化，在自由贸易观念下的当代世界各国贸易之间的竞争？（3）如何认知 WTO 所面临的改革和世界贸易规则的修正与补充？（4）如何理解跨国公司在国际贸易中的地位？（5）如何判断世界各类"自由贸易区"，特别是越来越多的双边国家和多边国家的零关税的深远影响？（6）如何认识从欧元开始的区域货币的未来趋势？（7）如何认知在塑造国家能力的同时，提供结构性解决方案，避免重蹈霸权主义历史的覆辙并带来普遍的全球福利？显然，对于这些国际贸易领域中具有挑战性的课题，需要有更多的经济学家、历史学家和实业家，甚至政治家的共同参与与探讨。

此外，本书还阐述了当代世界经济和贸易大国之间博弈的深层结构，即科技发展，国内市场规模和国家贸易能力的相互关系。书中阐述了庞大国内市场的重要性，强调"中国持续发展的巨大潜力"在于生活于一、二线城市以外的大约 6 亿人的"中国沉默的大多数"，他们对中国的发展抱有的巨大信心，构成了中国在中美贸易摩擦中应对方式的天然优势，并以中国高铁和特高压电网建设为案例，得出"市场是最强大的科研驱动力"的结论。此外，作者还以美国的高科技研发为案例，指出即使在市场经济主导的发达国家，政府对于高科技的基础研究，仍然具有不可替代的地位。而在今天世界，科学技术秩序正在成为国际关系的核心内涵。

我认识马行空已有多年，那时他选修了我在台湾大学的一门课。之后，我们的一直保持交往。在我眼中，马行空是一个不断学习和不断进取的年轻人。这本《贸易能力塑造国家能力》是马行空独立署名的第一本著作，是认真的，在发掘了历史资料和诠释世界贸易历史方面，下了功夫，显现了原创精神。我也希望马行空在这本书之后，继续经济史，包括贸易史，以及经济学的学习与研究，在做学问方面，有更多的努力和成果。

朱嘉明

2021 年 8 月 10 日

前　言

　　"国家能力"这个词是王绍光首次使用的，它是指国家将自己的意志、目标转化为现实的能力。王绍光、胡鞍钢在1993年的《中国国家能力报告》一书中把国家能力概括为四种能力，分别是中央财政的汲取能力、宏观经济调控能力、合法化能力和强制能力。国家能力提出的大背景是苏联解体，思想界一片混乱，中央财政收入大幅下降，学者们出于历史责任感为当时的改革建言献策，有很强的时代性，其核心思想是"中央政府的财力在转型期要加强"。

　　抛开当时的历史背景，我们可以从国内国外两个角度更全面地分析国家能力。从国内治理的角度看，国家能力分为政治统治能力、经济发展能力、社会治理能力；从国际关系的角度看，国家能力分为保证本国安全的能力、组织国际市场的能力、协调国际关系的能力。这六大能力可以涵盖国家能力的各个方面。

　　评价国家能力可以有很多维度，比如国民生产总值的多少、中央财政的多寡、军事能力的强弱、人均收入的状况、国际专利的数量、国民的幸福指数等等。本书将从国际贸易冲突的视角观察国家能力，因为贸易是连接国内治理和国际关系的最重要的纽带。

贸易的重要性还体现在工业化能力方面。自工业革命后所有成功工业化的国家都必须进行国际贸易。因为资本主义生产方式要求不断扩大商品的流通范围，"如果某个国家闭关自守，那么，他的剩余产品就只能以这一剩余产品的既有实物形式消费掉，在这个国家中，剩余产品可以交换的范围就会受到不同生产部门的数量的限制。这种限制通过对外贸易才能消除"。但是国际市场不是自然而然存在的，需要政府主动去创造。创造国际市场的能力是国家能力的重要体现。在此过程中要经历残酷的战争、关税谈判、签署国际条约等等。本书从葡萄牙、西班牙开启地理大发现并建立贸易帝国开始，一直讨论到最近的中美贸易摩擦。

目录
CONTENTS

第四章

英国协调国际关系的能力

第一章
大航海为什么始于葡萄牙

　　在开辟新航路的过程中，葡萄牙的贡献远大于西班牙。西班牙王室支持了麦哲伦的全球航行，支持了哥伦布发现美洲，这两件事对世界的影响确实比达伽马发现通往印度的航路影响更大。但是，如果我们从航海技术的角度去探究就会发现，在航海人才培养、海图绘制、远洋船只制造等方面，葡萄牙功不可没。没有这些技术积累，就不可能有跨越大洋的航行。这一切要从著名航海家、葡萄牙王子唐·阿方索·恩里克（1394—1460年）说起。

　　1415年春，葡萄牙国王若奥把全国都动员起来，大批的牛群从葡萄牙内地被赶到海边，就地屠宰、直接腌制，然后装船，"军械工、木工、修船工、制帆工、屠宰工把里斯本和波尔图变成了动员的军营"①。但是大家都不知道发生了什么事。临近的基督教国家跑来打听葡萄牙国王是不是要准备打谁。

---

① ［美］查·爱·诺埃尔：《葡萄牙史》上册，江苏人民出版社1974年版，
　　第49页。

在当时的欧洲，国王要打仗通常都要先找议会商量，因为国王没有随意征税的权力，必须靠议会筹措军费，所以国家要打大仗几乎没有秘密可言。但是葡萄牙此时已经完成了封建君主专制，国家虽然小，但是都在国王本人控制下，所以国王个人比较有钱。葡萄牙这次对外出征，国王就没有用国库的钱——自己掏腰包完成，所以外界都不知道国王要打谁。今天历史学家们也不知道是什么原因让若奥下决心打这一场仗，但是这一仗的影响非常深远。

1415 年 6 月 23 日，若奥亲率舰队从里斯本起航，1415 年 8 月 20 日在北非的贸易城市休达登陆。休达是伊斯兰世界与东印度香料贸易的最西端贸易站。因为事先准备充分，葡萄牙军队只用了一天就打败了驻守在此地的摩尔人。然后休达遭受了葡萄牙军队三天的屠杀和抢劫，与此同时，葡萄牙军队被伊斯兰世界的富裕震惊了。"他们洗劫了据说有两万四千名商人经营的商铺，横冲直撞地闯入富商那铺着华丽地毯的豪宅，奔入拥有美丽穹顶和铺设地砖的地下蓄水池。一位目击者写道，与休达的房屋相比，我们的可怜房子简直像猪圈。"[①] 随军出征的除了国王外，还有恩里克王子，他是第一个登上休达城墙并竖起葡萄牙国旗的人。伊斯兰世界的富裕同样深深地刺激了他。如何能让葡萄牙像休达这么富裕，这个问题始终萦绕在恩里克的心头。

直接谋求地中海的霸权对于只有 100 多万人的葡萄牙来说

---

① ［英］罗杰·克劳利：《征服者：葡萄牙帝国的崛起》，陆大鹏译，社会科学文献出版社 2016 年版，第 9 页。

是不可能的。因为就连自己的邻居卡斯提尔王国^①葡萄牙都消化不了，更别提地中海东部强大的奥斯曼帝国了。所以，绕过地中海，开辟从海上到达东方的航路成了唯一的选择。

第一节　葡萄牙的国家能力迅速提升

率先完成民族主义革命

史学界在描述葡萄牙崛起的背景时都会提到，葡萄牙率先完成了封建中央集权（君主专制），这是事实。但是，葡萄牙如何完成了中央集权？同时期的其他国家在干什么？只有了解了这些才能深刻理解葡萄牙的制度在当时的先进性。

葡萄牙人普遍认同，他们国家的历史是从阿丰索·恩里克斯开始的。1139 年阿丰索称王，摆脱了和西班牙人的一切臣属关系。然后持续发动战争，扩张葡萄牙的领土。1147 年葡萄牙攻克了里斯本，也就是今天的葡萄牙首都。1249 年，葡萄牙军队占领了西班牙半岛南部阿尔维加的最后一块土地，自此，葡萄牙建立了自己的永久疆域，到今天为止也没怎么变过。这样的征战在中世纪根本不算什么，很多国家都比葡萄牙的领土大得多。葡萄牙的邻国卡斯提尔王国获得的土地更多，但是只有葡萄牙在航海历史上产生了深远影响。

葡萄牙首先统一了语言文字。13 世纪的西班牙半岛，各种各样的语言都有。他们普遍以拉丁语为基础，用阿拉伯文字来丰富

---

① 西班牙的前身之一，也翻译成"卡斯蒂利亚王国"。

词汇。因为是拼音文字，所以各地语言差异巨大。葡萄牙国王迪尼斯（1279—1325年）决定：以后一切官方文件必须用葡萄牙本国语书写，不再使用以前惯用的拉丁文。在共同的语言中，葡萄牙人逐渐形成了统一的民族观念。葡萄牙的邻居西班牙直到1567年才开始统一语言，英国也是在百年战争之后（1337—1453年）才形成了今天的英语。小小的葡萄牙王国在强敌环伺中保持独立实属不易，共同的语言文字塑造了葡萄牙的团结与坚韧。

1383年，葡萄牙国王费尔南德去世，他没有儿子，他的女儿之前刚刚嫁给了卡斯提尔的国王胡安一世。胡安一世借机入侵葡萄牙，自立为葡萄牙国王。葡萄牙的大部分贵族反应冷漠，事不关己高高挂起，谁来统治无所谓。但是葡萄牙民众普遍认为王位应该由费尔南德的侄子若奥继承，因为他们不愿意并入邻国！这时候的欧洲，民众普遍没有什么民族情感，或者说民族意识刚刚觉醒，但葡萄牙是个例外。那些充当葡萄牙士兵的自由民认为，他们是为了葡萄牙而战斗！这说明葡萄牙民族国家的观念已经形成了。1385年若奥赢得了对西班牙的战争，葡萄牙保住了独立地位。

若奥赢得反侵略战争依靠两股力量：一是葡萄牙自由民的坚决抵抗，二是联合英国的蓝凯斯特公爵。蓝凯斯特派了5000名英格兰长弓手帮助葡萄牙。为什么他愿意帮忙呢？因为他娶了卡斯提尔老国王佩德罗的女儿。佩德罗被他同父异母的兄弟恩里克二世杀死，谋夺了王位，现任卡斯提尔国王胡安一世是恩里克二世的儿子。蓝凯斯特公爵自称自己比胡安一世更有权利继承卡斯提尔国王的位置。最后，葡萄牙成功抵制了侵略，蓝凯斯特公爵从卡斯提尔获得了一大笔钱之后退兵了。

既然若奥国王是靠自由民和外国势力赢得了国家独立，他对于葡萄牙贵族自然没什么信任和好感。朝政上也多用中产阶级出身的自由民取代原来的贵族，对于支持若奥的手工业工匠团体，若奥给了他们一百多年的特殊税收优待。到了15世纪，新贵族形成，由旧贵族把持的议会逐渐变成了可有可无的东西，这标志着葡萄牙走向了君主专制时代。从1418—1427年葡萄牙9年都没召开过一次议会，权力集中在国王和他任命的新官僚手中。就是这位若奥国王的三儿子恩里克王子开启了葡萄牙的大航海时代。

要知道葡萄牙发生这一切是在14世纪末15世纪初。这时候的欧洲一团糟，四分五裂，到处打仗。意大利的城邦威尼斯和米兰都想置对方于死地。奥斯曼土耳其正在进攻拜占庭帝国。匈牙利正在酝酿对奥斯曼土耳其的战争。英国和法国正在进行百年战争，从1337年一直打到1453年。战争的结果是法国完成了民族统一，法兰西的民族意识觉醒。英格兰则丧失了在欧洲大陆所有的领地，英格兰民族主义也随之兴起。西班牙这个国家此时还没有出现，直到1469年，卡斯提尔王国的王位继承人伊莎贝拉一世和阿拉贡国王之子斐迪南二世结婚，他们才奠定了西班牙成为统一王国的基础，而西班牙的民族意识直到17世纪才出现。这下你就知道葡萄牙是多么特立独行了，它对内完成了君主集权，对外却没有开拓的空间。因为西边是大西洋，东边、北边是强大的卡斯提尔王国，南边是伊斯兰教控制的北非。所以，1415年葡萄牙率先发动了对休达的战争，开启了欧洲国家对外殖民的先河。

支持没有收益的远洋探险

恩里克王子本人没有跟随舰队进行过远洋航行，他只是跟随父亲参与了对休达的战争。在此之后就专心于航海事业。他筹措航海经费、建设航海学校、培养航海船员，广泛搜集当时已经能找到的各种航海地图，从当时的科技中心意大利搜罗地理学家和航海人才，教授船员气象、信风、海流等地理信息。

1418年，在恩里克攻占休达三年后，他派出了两个船长沿着非洲海岸南下，目的是寻找黄金和香料。这次航行发现了非洲的桑托斯港岛。1419年第二次航行发现了马德拉本岛。1427年，从葡萄牙派出向西南探险的舰队发现了亚速尔群岛。1431年发现了福尔米家群岛。1432年发现了圣玛利亚岛。就这样，葡萄牙人沿着非洲海岸不断南下。但是这些探险在最初的二十年没有带来什么收益，这些地方既没有香料也没有黄金，甚至很多地方都没什么人。如果没有恩里克执着的热情和凭借王子身份获得的航海收益免税权，这种探险在商业上根本无法持续。

探险在继续，创新也在继续。1440年恩里克王子开设的船坞造出了多桅三角帆船。在此之前，欧洲海船主要在平静的地中海航行，用的是平底海船，上面挂着四角大帆，没有风时动力主要来自船上的奴隶划桨。因为划桨的奴隶要吃饭喝水，所以船上储备的食物几天就消耗光了。恩里克设计的三角帆船取消了奴隶划桨，只靠风力就能航行，即便逆风也只需要调整帆的角度就行了。这是重大的技术创新！他彻底改变了欧洲的航海事业。

1441年，葡萄牙的船队沿着非洲海岸南下到达了今天的毛里塔尼亚的努瓦迪布角，并且第一次带回来10个俘虏。于是，恩里克专门组织了一次掠奴之旅，成功带回来 235 个奴隶。罪恶的殖民贸易开始了！1448 年，葡萄牙在阿尔金岛建立了要塞，作为探险的中转站。随着葡萄牙在非洲贸易和掠夺的不断加深，阿尔金岛成了非洲黄金对外运输的中心。葡萄牙的探险终于有了丰厚的收益。当大家发现海外探险有利可图时，葡萄牙王室开始出售许可证，给国王交一定的钱就能获得一次或几次探险许可，他们发现的一切财产都归他们自己所有！这进一步刺激了海外探险。

1460 年恩里克王子病逝，葡萄牙已经成为欧洲的航海中心。他们不但建立起庞大的商船队，拥有了全欧洲最优秀的造船技术①，而且培养了一大批专业的探险家或航海家。如果没有恩里克，这一切要出现得更晚。

1488 年迪亚士率领船队穿越好望角，随后因为船员反对继续航行而返航。1498 年，达伽马终于从海路抵达印度，开辟了一条由欧洲到印度的新航路。印度洋加入了新的竞争者，并逐步凭借武力取得了垄断地位。

邻近的西班牙是葡萄牙航海科技的最大受益者。从事探险的所有航海技术、船只、船员几乎都来自葡萄牙。比如大名鼎鼎的麦哲伦就是葡萄牙人，1505 年，25 岁的麦哲伦还参加了葡萄牙的远征队，在印度和马六甲等地为葡萄牙打仗。哥伦布是意大利人，但是在葡萄牙从一名小工、水手干起，学习了所有远洋航行的技术，以及地理、水文、天文等航海知识。哥伦布的弟弟在葡

---

① 和郑和下西洋的船队相比，葡萄牙的船只依然是非常简陋、不堪一击的。

萄牙首都里斯本从事绘制海图的工作。毫不夸张地说，葡萄牙是当时全球最重要的，也是唯一的航海中心。1492年西班牙王室支持了哥伦布的远航并发现了美洲，1519年西班牙支持麦哲伦环球航行，最终西班牙王室获得了惊人的投资收益，美洲的黄金白银如流水一样输入西班牙。

第二节　葡萄牙帝国的贸易战争

瓜分世界

1474年，卡斯提尔（西班牙王国的前身之一）的国王恩里克四世去世，去世前国王宣布胡安娜公主为王位继承人，但是国王的异母妹妹伊莎贝拉宣布自己是王后。一国不容二主，冲突产生了。胡安娜公主的母亲是葡萄牙国王阿丰索的妹妹。伊莎贝拉则在1469年嫁给了阿拉贡的王位继承人斐迪南二世。这两个女人一个去外婆家葡萄牙搬救兵，一个去夫家阿拉贡搬救兵。双方在卡斯提尔的土地上激战，葡萄牙在陆地战争上战败了，没有能够让胡安娜继承王位。但是葡萄牙赢得了同西班牙的海上战争，俘虏了对方全部的战舰。

1479年9月4日，葡萄牙和卡斯提尔签订《阿尔卡索瓦什和约》，葡萄牙放弃干涉卡斯提尔的王位，卡斯提尔禁止探索加纳利群岛以南的非洲。这是葡萄牙在海洋的胜利，因为当时的非洲海岸线已经开始有丰厚的收益，胡椒、象牙、黄金、奴隶等，但是加纳利群岛以北有什么还是未知的。这也是历史上第一个关于划分海洋的条约，葡萄牙非常满意。

根据《阿尔卡索瓦什和约》的要求，西班牙王室确实不再去非洲海岸探险。1492 年，他们资助哥伦布向西航行而发现了古巴。哥伦布航行之前曾经寻求葡萄牙王室的支持，但是被拒绝了。哥伦布返航时，不知道是因为大风导致的船只失控还是主观故意，1493 年哥伦布在里斯本登陆，并且向葡萄牙国王炫耀他发现的新大陆。根据他的描述，葡萄牙判断出古巴群岛的地理位置，葡萄牙搬出了《阿尔卡索瓦什和约》，因为哥伦布发现的古巴群岛位于加纳利群岛以南，理论上属于葡萄牙。在哥伦布还没见到西班牙国王之前葡萄牙就给西班牙国王写了一封信，威胁要派一个舰队去索取新大陆。西班牙知道此事后大为慌张，向教廷寻求帮助。1494 年 6 月 7 日，西班牙和葡萄牙签订了《托尔德西里亚斯条约》，再次瓜分世界。双方约定，佛得角以西 370 里格 ①，即以西经 46° 37′ 为分界线：西边归西班牙，东边归葡萄牙。这样新发现的土地就归西班牙了。

　　按照这种方式划分世界迟早会出问题，因为地球是圆的，一个向东、一个向西，双方终究会碰面。1512 年葡萄牙绕过好望角向东航行发现了香料群岛摩鹿加，1521 年西班牙资助的麦哲伦全球航行也到达了摩鹿加。双方于 1523 年开始谈判，1529 年达成《萨拉戈萨条约》。按照 1494 年签订的条约，均分地球的分界线应该在东经 134°，恰好把摩鹿加群岛平分了。因为西班牙国内正在打仗，很需要钱，所以西班牙退出摩鹿加群岛，葡萄牙给西

① 欧洲古老的长度单位，指一个人步行一小时的距离。在陆地上约 3 英里，约 4.848 公里；在海洋上指 3 海里，约 5.556 公里。

班牙 35 万个达科特金币作为补偿。所以双方把太平洋的分界线划在摩鹿加群岛以东的东经 142°。考虑到葡萄牙利润丰厚的香料贸易收益，这个账对葡萄牙来说是非常划算的。1498 年 9 月，达伽马满载香料和宝石的船队回到里斯本，即便损失了一多半的船员，贸易净利润依然高达航行费用的 60 倍。

表面看起来葡萄牙和西班牙瓜分世界的方式很文明，既有条约又有教皇，根据先来后到，分得清清楚楚。但是，这绝不意味着他们对待其他国家的人民也是和平的。

印度洋的贸易从自由到垄断

达伽马到达印度之前，东方有着经营了上千年的成熟商路。马六甲是中国商品和摩鹿加香料的集散地；印度洋西侧的卡利特里是胡椒集散地；霍尔木兹海峡是通往巴格达和阿拉伯世界的门户；亚丁是红海的门户，这里能通往埃及并到达地中海沿岸。香料、瓷器、珠宝、丝绸就是通过这条商路到达欧洲，再由威尼斯人和热那亚人通过平底划桨帆船穿过地中海，然后转卖到欧洲各国。没有人能垄断印度洋这个超级转运中心，阿拉伯人、印度人、中国人都在参与。当然，主要的商人是阿拉伯人。

葡萄牙直接从印度或者印尼购买香料，然后通过海路运到欧洲，绕过了所有中间环节，这必将影响阿拉伯人和地中海商人的利益。挡人财路如杀人父母，贸易战由此展开。但是率先发起攻击的竟然是葡萄牙人。

1498 年 5 月 20 日达伽马首次到达印度港口卡利卡特，1499 年 9 月 9 日返回里斯本。1500 年 3 月 9 日，一支由 13 艘船、

1200人组成的庞大船队再次起航，沿着达伽马的道路向印度出发。这次他们已经不是探险了，船队负责人佩德罗·阿尔瓦雷斯·卡布拉尔出发时就得到国王的命令，要破坏阿拉伯人的航运："如果你在海上遇到朝觐的麦加穆斯林的船只，必须尽可能地将其俘获，扣押其商品、财产和船上的穆斯林，以增进你的收益。攻击他们，尽可能损害他们，因为自古以来他们就是我们的不共戴天之敌。""你应将所有穆斯林乘客转移到缴获的状态最差的一艘船上，让他们全都上船，然后击沉或烧毁其他所有缴获的船只。"①卡布拉尔也的确是这么做的。

卡布拉尔的船队凭借武力，傲慢地对待印度人，残忍地对待穆斯林，这让他们的香料生意进行得很不顺利。7艘船到达卡利特里，3个月时间只装满了两艘船的香料。并不是因为当地缺乏香料，阿拉伯商人的船只都能装满香料离开。于是卡布拉尔用武力去扣押阿拉伯商人的船只。结果，此举引发了卡利特里城内穆斯林的反抗，他们攻击葡萄牙人的驻地，70多名葡萄牙人仅20多人逃脱，而且都身负重伤。然后，卡布拉尔血洗了这座城市。首先俘获了港口的10艘阿拉伯船，并且屠杀了船上所有的人，抢夺了货物，焚毁了船只，然后把葡萄牙战舰开到近岸炮轰这个城市整整一天。以武力为基础的殖民贸易正式开始了。

1502年，达伽马再次率领船队出航，这次有20艘船，全副武装。葡萄牙国王的命令是阻止阿拉伯人和印度人之间的贸易。

---

① ［英］罗杰·克劳利：《征服者：葡萄牙帝国的崛起》，陆大鹏译，社会科学文献出版社2016年版，第108页。

达伽马所用的手段极其残忍。1502年8月20日船队到达安贾迪普群岛，他们直接袭击并抢劫了霍纳瓦尔和巴特卡尔港口，然后向当地的国王宣布这片土地属于葡萄牙。9月29日，达伽马的船队在德里山附近发现了一艘阿拉伯船只（米里号），好几位目击者记述了当时发生的战斗。这艘被拦截的阿拉伯船只有240名乘客（包括妇女、儿童），他们是刚刚从麦加朝觐回来，上面有一些阿拉伯富商。当地的规矩是，海盗截获了船只，只要交一笔钱就行了。但是达伽马不同意对方开出的任何条件，在拆除了对方的舵和索具后，他命令船员登上米里号，安放火药，然后点燃。经过了长达几天的多轮战斗，这艘船上的阿拉伯人都被活活烧死了。这些行径是当地常规战争甚至海盗都不会实施的，葡萄牙的恶名在当地传开了。

1502年10月26日，葡萄牙船队抵达卡利卡特，他命令当地国王（扎莫林）驱逐所有穆斯林，并且不准任何来自麦加的船队到达他的港口，更不准在此经商。当地国王不可能答应他，因为这里的穆斯林已经存在几百年了，双方根本谈不拢。最后，达伽马炮轰这座城市整整两天。自己的船队也受到印度人的些许反击，但是没有伤筋动骨。这之后，葡萄牙人凭借武力在当地建立了一种通行制度。禁止阿拉伯人的商船通行，所有其他船只必须向葡萄牙交买路钱，所有商船必须在葡萄牙人控制的港口进行贸易，并且缴纳高昂的进出口关税。这标志着印度洋不再是自由通行的大海，开始变成葡萄牙人的领海。同时他们开始封锁红海，不但阻挠穆斯林经商，而且阻碍穆斯林去麦加朝觐。

威尼斯人的反抗

当威尼斯人得知葡萄牙人控制了印度洋以后，他们非常害怕自己的商业利益受到影响。因为阿拉伯人运送的商品最终会通过地中海进行贸易，威尼斯控制地中海贸易，所以可以分一杯羹。如果葡萄牙就此禁止了印度的其他贸易，威尼斯定会衰落。

1502 年 12 月，威尼斯人组建了"卡利卡特委员会"专门请求埃及苏丹对葡萄牙采取行动。看来威尼斯人的商业利益高于宗教情感，因为勾结穆斯林，打击基督徒，这在当时是滔天大罪。

威尼斯人向葡萄牙派出商业间谍，观察和记录里斯本码头的所有信息。包括起航和返航数量、吨位、货物品种、船长是谁、遭遇的挫折、香料数量、航行时间、香料销售价格等所有商业信息。结论是，葡萄牙每年一度的远航已经非常稳定，印度人根本没有能力抵挡葡萄牙的火炮。

1505 年 8 月，威尼斯再次派出使者催促埃及的马鲁穆克苏丹对葡萄牙采取行动，还附送了自己的商业间谍获得的关于葡萄牙的信息。马鲁穆克苏丹同时收到很多穆斯林的投诉，包括葡萄牙人在印度烧毁清真寺，焚毁商船，阻挠朝觐等。同时，因为贸易船只的减少，埃及的税收也在下滑。编年史家伊本·伊亚斯写道："他们有二十多艘船敢于在红海游弋，袭击从印度来的商船，伏击船队，杀人越货，所以很大一部分进口都停止了。如今在埃及很难搞到头巾和平纹细布。"虽然葡萄牙的炮火很厉害，但是有了威尼斯的技术支持，埃及终于有底气和葡萄牙第一次世界大战了。

1505 年 11 月 4 日，马鲁穆克苏丹的远征军开拔，侯赛因·穆斯里夫率军沿着红海南下。基本可以判断，这些船只都是威尼斯人资助的。至少可以肯定的是，航海技术、造船木料、武器、水手都来自威尼斯。因为埃及没有这种技术，甚至缺乏造船的木料。

1508 年 3 月，埃及人的间谍提前告诉穆斯里夫葡萄牙在古吉拉特焦耳港的驻军情况。他们知道葡萄牙的首领叫洛伦索·德·阿尔梅达，知道葡萄牙人有 500 名驻军，有三艘小型克拉克帆船、三艘卡拉维尔帆船和两艘桨帆船。穆斯里夫自己带领着一艘盖伦帆船①、四艘克拉克帆船、六艘桨帆船，约 800 人，实力在葡萄牙人之上。除此以外印度第乌总督马利克·阿亚兹的三十四艘弗斯特船，名义上也归穆斯里夫调遣，但实际上处于观望状态。

第一次战役只有穆斯里夫亲率的 11 艘船参加战斗，双方各有胜负。战役的结果是，穆斯里夫一方损失了四艘桨帆船，死亡 200 多人，受伤 400 多人；葡萄牙一方损失了一艘克拉克战船，舰队首领洛伦索以及这艘船上的 80 名士兵战死，19 名葡萄牙士兵被俘。这艘船是整个葡萄牙船队突围时负责断后的船只，因为进水而搁浅，被重兵围歼，葡萄牙的主力并未损伤。从战争的过程看，葡萄牙人因为长期没有对手而过于傲慢，舰队首领洛伦索甚至不愿意下令击沉对方的船只，原因是怕得不到里面的战利品。因为此前葡萄牙军队在印度洋从未有过败绩，这次海战是葡萄牙人的第一次败仗，史称焦耳海战（也称朱尔海战）。

---

① 盖伦帆船是至少有两层甲板的大型帆船，在16—18 世纪被欧洲多国采用。它可以说是卡拉维尔帆船及克拉克帆船的改良版本，船身坚固，可用作远洋航行。

焦耳海战中战死的舰队首领洛伦索是葡萄牙派驻印度的总督阿尔梅达的儿子，阿尔梅达渴望复仇，也希望借此肃清印度洋的穆斯林舰队。1508年12月，他在科钦集结起了18艘船和1200人的作战队伍。12月31日，船队到达穆斯林商贸港口达布尔，阿尔梅达下令炮轰城市后屠城。1509年1月5日舰队再次出发，去第乌寻找穆斯林舰队的主力。2月3日，双方主力在第乌开战。葡萄牙军队以少胜多，全歼对手，取得了决定性的胜利。

第乌海战标志着欧洲人在亚洲殖民政策的开始，印度洋被葡萄牙人控制，威尼斯的香料贸易几乎瘫痪。

葡萄牙人随后巩固了自己的贸易链条，1510年占领了印度果阿，1511年灭亡马六甲苏丹国，占领马六甲，1515年占领霍尔木兹。葡萄牙凭借武装舰队和要塞称霸印度洋，控制了香料贸易将近1个世纪。

葡萄牙帝国的缓慢衰落

葡萄牙帝国的崛起严重打乱了之前的贸易结构，而且更可怕的是，葡萄牙把自己推向了整个伊斯兰世界的对立面。无论葡萄牙军事上、航海上的优势多么强大，毕竟本土只有100多万人，而且强敌环伺，随着技术的进步，这种优势无法持续太久。葡萄牙人从始至终都没有试图建立一种和平的、可持续的贸易秩序。本质上，葡萄牙人让印度洋的贸易从自由走向了垄断，这是历史的倒退，而且一直在凭借武力解决问题，一旦武力优势衰落，垄断地位必不可保。

奥斯曼帝国凭借强大的国力以及与伊斯兰世界的联盟，持续攻击葡萄牙的据点、船队。虽然这些战役基本都以葡萄牙的胜利而结束，但是葡萄牙的优势地位也越来越小。1568 年，由奥斯曼帝国组织的泛伊斯兰联盟再次试图击退印度和马六甲的葡萄牙军队。终于在 1570 年，葡萄牙人被逐出香料群岛，帝国开始走下坡路。

1578 年葡萄牙军队败给摩洛哥和奥斯曼的联军，葡萄牙国王塞巴斯蒂安失踪，军队伤亡惨重，大量贵族被俘。为赎回被俘的数百名贵族，葡萄牙付出了沉重的经济代价。西班牙趁葡萄牙国力衰落和继承人危机，大举入侵，强行合并了葡萄牙。这可以视为葡萄牙衰落的起点。

任何一个帝国的衰落都是缓慢而长期的。直到 1622 年，葡萄牙控制的霍尔木兹海峡才在英国人和波斯人的联合进攻下丧失，1641 年荷兰人打败葡萄牙，占领了马六甲海峡。即便丧失了绝大部分据点，葡萄牙凭借巴西的金矿收入仍然是欧洲最富裕的国家之一。1668 年，它又通过复国战争重新赢得了独立，但是在之后的国际局势中扮演的角色已经微不足道了。

第三节　西班牙的国家能力乘势而起

葡萄牙几十年坚持不懈地钻研航海技术，西班牙近水楼台，收获了地理大发现的绝大多数成果。一方面殖民地数量和质量远超葡萄牙，尤其是秘鲁的银矿、北美的种植园，还控制了北美到欧洲的大西洋航路；另一方面，印加帝国和阿兹特克帝国（今墨西哥）有现成的政府，西班牙凭借武力直接对它们收税和掠夺而无须付出庞大的管理和组织成本。这个收益要比葡萄牙辛辛苦苦做贸易容易多了，而且还很稳定，路程也没那么凶险。我们只能说，这是命运之神的眷顾。

1519 年，埃尔南·科尔特斯带领 600 士兵为西班牙王室征服了阿兹特克帝国，从此，这里每年运来的金银能占西班牙财政收入的五分之一。1531 年弗兰西斯科·皮萨罗率领 180 名士兵征服了印加帝国，1545 年这里发现银矿，1563 年这里又发现水银矿。用水银从矿砂中提炼白银，效率极高。从此每年由这里流入西班牙的白银有 226.8 吨、黄金 4.5 吨。据统计，仅 1591—1600 年的近 10 年时间，西班牙从美洲掠夺了 3000 吨白银、1.9 吨黄金。凭借这些收入，西班牙国王频频发动对法国、土耳其、尼德兰（荷兰）的战争。这些收入也让后起之秀英国、荷兰垂涎。

西班牙成为欧洲战争策源地

第一，70% 的财政收入都用来支付军费。

西班牙为什么要到处打仗是一个复杂的历史问题。简单来说，西班牙国王同时是神圣罗马帝国的皇帝，所以他在欧洲大陆要同时面对两个敌人，一个是日益强大的法国，这是历史和领土原因；一个是南部的奥斯曼帝国，这是宗教原因。而神圣罗马帝国本身包括现在的荷兰、比利时、德意志、奥地利、意大利、西班牙等，内部四分五裂、冲突不断，处理这些冲突也要打仗。总结成一条，维持这个庞大的、四分五裂的神圣罗马帝国需要不断地进行战争。如果没有美洲的黄金白银为西班牙续命，神圣罗马帝国可能早就崩溃了。

1510—1523 年西班牙共借款 540 万达克特，年均 41.4 万；

1552—1556年借款总额960万达克特，年均200万。1556年菲利普二世继承他父亲查理五世的帝国时发现，1561年以前的税款都被预支了。所以1557年菲利普二世宣告国家破产，单方面宣布把高息的短期借款改为年息5%的长期借款。此后1560年、1575年、1596年、1607年、1627年、1647年、1653年，菲利普二世及其继承者多次违约，长期违约导致借款越来越难。这也让西班牙的借款利息从16世纪20年代的18%上升到16世纪50年代的49%，即便如此，借款也越来越难[1]。

16世纪60—70年代西班牙国家财政预算支出数据显示，每年收入的22%~28%直接用于军费，51%~62%用于还债。这些债务基本都是以税收为抵押从银行家那里借来的，用途也是打仗！西班牙主导下的整个16世纪只有25年是和平的。荷兰主导下的17世纪只有21年是和平的。战争是那个时代的主旋律。

第二，国家缺乏生产能力。

西班牙依靠地理大发现获得大量金银，但是本国工业落后，几乎所有商品都靠进口，自身的商品出口只有羊毛。而外国商人把这些羊毛买回去加工成商品再卖到西班牙就能获得200%的利润。西班牙国内既没有统一的市场，也没有中产阶级，大贵族垄断土地、粗放经营。重税政策严重遏制工商业的发展，同时期西班牙人的纳税额是同时期英国的10倍。西班牙商人在殖民地赚钱后通常选择购买土地、购买贵族头衔，而且几乎没有让自己的

---

[1] Frank Tallett, *War and Society in Early-Modern Europe, 1495–1715*, p.174.

子女继续从事商业的。所以，1492—1596 年，西班牙从美洲运回的金银最多只有 5% 留在了西班牙。

某种程度上这和我们清朝末年的情景类似，在没有斗争或者外来压力的情况下，一个封建王朝是不可能自动发展出资本主义工商业的。

第三，无谓的战争拖垮了西班牙。

多次宣布破产并没有改变继续打仗的现实。为了筹备西班牙无敌舰队对英国的征服战争，西班牙透支了几乎全部的财力：556 艘军舰、240 艘船只、3 万水兵、6.4 万步兵、1600 匹战马。结果却不幸战败了！也许这次战争还没有摧毁西班牙帝国的根基，但是 1618—1648 年的 30 年战争毫无疑问摧毁了西班牙。战后整个国家仅剩 15 艘军舰、7000 名士兵。可以说，是神圣罗马帝国四分五裂的疆域拖垮了西班牙，这些仗到头来没有几个是为西班牙这个国家的利益而战。

为荷兰做嫁衣

西班牙的殖民活动到头来只是为荷兰做嫁衣。因为本国没有商品可以卖到殖民地，所以西班牙从荷兰进口商品转卖到殖民地。西班牙的殖民地市场越大，荷兰的商品市场也就越大。所以西班牙被称为"黄金漏斗"。"为什么荷兰的商品生产能力更强"，事情要从 1506 年说起。

1506 年，查理继承了勃艮地公爵一职，成了西属尼德兰（今日的荷兰和比利时，以下统称荷兰）的统治者。1516 年查理又成了西班牙国王，1519 年又成为神圣罗马帝国皇帝。这样，荷兰和西班牙都成了神圣罗马帝国的一部分。客观地说，荷兰被纳入统治后受益匪浅。西班牙的羊毛出口到荷兰不收关税，大大刺激了本地的纺织业。西班牙帝国对外征战购买的各种商品都是通过荷兰的布鲁日和安特卫普采购，这里成为重要的商品贸易中心，造船和纺织中心。商业和手工业的繁荣让资本主义生产经营方式迅速发展。从查理一世到查理五世时期，这里的税收供应了西班牙一半的国库收入。

随着西班牙长期对外战争，对荷兰征收的税负越来越高。为了保持贸易垄断权，西班牙禁止当地商人同西班牙殖民地直接贸易。再加上多次国债违约，荷兰银行家损失惨重。与此同时还有宗教迫害，西班牙是天主教的捍卫者，而荷兰和英国一样信仰新教。西班牙的专制统治在当地越来越不得人心。于是这里爆发了尼德兰革命（1566—1609 年），目的就是争取独立！荷兰独立过程中英国基于自身的利益给予了巨大帮助，这也导致了英国和西班牙的矛盾激化。

本质上这是资本主义生产方式和封建专制制度的矛盾，这也是全世界范围内资产阶级首次作为一股独立的政治力量登上舞台。我们在第二章会详细讨论荷兰人创造的"海上马车夫"时代。

第四节　西班牙帝国经历的贸易战

英国的走私与抢劫

零星的海盗劫掠并不稀奇，世界各地一直都有。但是由政府颁发劫掠许可证，并参与分赃却是从英国女王伊丽莎白一世开始的。她赞助了海盗弗朗西斯·德雷克的抢劫活动，并且于1581年4月亲自登上德雷克的海盗船并赐给他爵士头衔。伊丽莎白女王还直接参与奴隶贸易，1562年约翰·豪金斯率领三艘船从英国出发到非洲海岸塞拉利昂购买300名黑奴，然后直接前往美洲（海地）把他们换成金银和兽皮，最后带着美洲的特产回到欧洲。这种三角贸易获利巨大，约翰·豪金斯成为英国奴隶贸易的创始人。1564年约翰·豪金斯第二次航海时，伊丽莎白女王直接提供了一艘船入股。这些举措都是直接挑战西班牙对美洲贸易垄断权的举动，西班牙驻英大使对英国政府提出强烈抗议，但是英国置之不理。

1567年10月约翰·豪金斯第三次起航前往美洲从事奴隶贸易，结果在墨西哥的德·乌卢阿被西班牙海军发现，7艘船只有2艘逃回了英国。1568年英国政府抢夺了到英国港口避难的西班牙运宝船上的黄金。这是公然为海盗张目。作为报复，西班牙驻尼德兰总督阿尔瓦公爵禁止英国人到尼德兰做生意，这直接导致英国的出口受阻。

英国变本加厉地支持和鼓励海盗抢劫西班牙运宝船，作战勇猛的还可以加官晋爵。1585年8月7日，英国与荷兰签订《楠萨奇条约》，支持荷兰对西班牙的反抗运动，并提供人力、马匹、金钱等。这本质上是英国干涉西班牙内政，也是对西班牙的正式宣战。让西班牙决定武装征服英国的直接原因是，1587年4月英国海盗德雷克袭击西班牙本土港口，抢夺运宝船，还炸毁了37艘加迪斯港口的船只。在获得教皇许可后，西班牙开始扩建无敌舰队，准备远征！

1588 年英国和西班牙无敌舰队大战，英国凭借天气优势和先进的战术取得了胜利。双方在武器上并没有代差，英国凭借小口径远射炮选择炮战，打不过就跑，这是海盗的惯用策略，他们的船只也是为此设计的。西班牙船只远射炮数量不如英国，但是近距离重炮超过英国，西班牙一心只想通过近战、登船歼灭对方，船只的吨位也比英国更大，适合近战。但是战术的落后让西班牙在这次战役中被动挨打。这场战役被英美历史学者大书特书，好像预示了西班牙的直接衰落，真实的历史并不是这样。面对西班牙，英国并没有绝对优势。西班牙的确在 1588 年的海战中损失惨重，但是很快就重整旗鼓，并且取得了整个战役的最终胜利。

英国由海盗组成的军队根本不听指挥。1588 年西班牙无敌舰队战败后，伊丽莎白决定乘胜追击，歼灭剩余的西班牙海军力量。1589 年 2 月 23 日，伊丽莎白给诺里斯和德雷克的指示中明确强调，远征的目的首先是摧毁西班牙停留在比斯开湾的船只，其次是占领亚速尔群岛的一些岛屿，以便阻截途经这里的运送财宝的船队。但是这些海盗一出海就各行其是，他们直接去靠近里斯本的拉科鲁尼亚大肆抢劫。结果以失败告终，船只受损，水手逃亡，舰队被迫回国。这次远征花费超过 16 万英镑，大大超过预计。英国女王负担了其中的 6 万英镑，远征的失败耗尽了英国的财政资源。

而西班牙无敌舰队失败后不到两年就重新组建了美洲运银船队，并调用一支新的战船队伍护航。1591 年的弗洛雷斯海战，英国的海盗舰队被派往亚速尔群岛抢劫西班牙珍宝船队，结果以失败告终，船长格伦维尔战死，"复仇"号沉没。

1596 年 6 月，伊丽莎白又组织了一支规模巨大的远征船队出航，这时候船队的任务属性已经是国家战略目的大于抢劫了。出发前伊丽莎白明确要求，远征队的首要任务是摧毁西班牙的港口和船只，如果发现守卫松懈的城镇也可以抢劫，最后的任务才是追捕西班牙商船进行抢劫。像以前一样，一到海上海盗们就自作主张了，忙于抢劫而把女王布置的任务抛诸脑后。其实也不能怪这些海盗，因为女王只是股东之一，船队并不归女王所有。而船员的收入直接和抢劫所得挂钩，所以他们没有动力去完成女王的战略目标。1596 年 10 月的埃塞克斯·罗利远征也是同样的道理，海盗们把女王的旨意抛在一边。道理很简单，抢劫商船成本低、收益大，直接和西班牙军队作战玩儿命又赔本，海盗们没有动力这么做。从这一年开始，英国官方不再直接参与海盗劫掠。

1601—1604 年的奥斯坦德之战，西班牙军队迫使英荷联军投降。1604 年 8 月 7 日加迪斯湾海战，西班牙歼灭两艘英国海盗船。这场战斗直接导致英国与西班牙签订停战条约，正式结束了 19 年的英西战争。根据条约，英国停止干涉荷兰的起义；英国撤走给荷兰起义一方的军事上和财政上的支援；英国运河开放给西班牙船只；英国放弃公海劫掠；英国停止在战时禁止西班牙跨越大西洋的船只来往和西班牙扩张殖民地的政策；两国的船只、商家或战船也可以使用对方的海港作整修、避风和整备，少于 8 只船的船队更无须请求批准。西班牙付出的条件是"放弃在英国恢复天主教"，"默认英国商人能与美洲进行贸易"。这个条约可以说西班牙取得了对英国的全面胜利，因为英国的贸易能力还很落后，无法和西班牙竞争。但是英国的战略眼光让自己赢得了贸易权，为腾飞排除了一些障碍。

荷兰争夺贸易权

西班牙为了独占殖民地的垄断贸易收益，不但禁止别国与殖民地开展贸易，也同时禁止荷兰（荷兰和西班牙是同一个国王）和殖民地开展贸易。但是荷兰的制造业、资本主义工商业蓬勃发展，庞大的殖民地贸易收益让荷兰商人眼馋。

第一，西班牙的垄断贸易不得民心。

我们先看一下西班牙人是怎么做殖民地生意的。根据智利学者路易斯·加尔达梅斯的研究，西班牙帆船队商人"并不满足于获得百分之二百的利润，他们一定要获得超过其资本五倍甚至十倍的利润"[1]。西班牙大帆船队不只是控制卖到殖民地的产品价格，也拼命压低殖民地产出的商品价格。比如殖民地的一头母牛价值2个比索，而西班牙运来的一捆纸价值100多个比索。这就是为什么荷兰商人拼命走私的原因。因为殖民地的民众非常欢迎他们物美价廉的商品。

西班牙商人之所以这么干是因为他们的贸易基本是私人的一次性投资。冒险家给国王交一定的钱获得一次或者几次贸易航行权。航行成功，当然要拼命榨取利润，因为一旦失败，损失巨大。以当时的贸易条件，因为天气、海盗等原因，失败的概率非

---

[1] ［智利］路易斯·加尔达梅斯：《智利史》（上册），辽宁大学历史系翻译组译，辽宁人民出版社1975年版，第138、139页。

常高。所以他们来不及考虑长远利益。这种贸易制度决定，投机者在有限航行次数内赚得越多越好。荷兰东印度公司的出现改变了这种贸易形式。

第二，荷兰的贸易组织形式更持久，因为公司制优于私人投资制。

1602年，荷兰建立了东印度公司，这个公司凭借丰厚的回报，优秀的筹资模式迅速膨胀。东印度公司开创了现代股份制公司的先河。公司发行股票，普通人可以购买，根据贸易收入进行分成。东印度公司凭借雄厚的资本在全球建立商馆，提前收购货物，保证贸易顺畅。"虽然葡萄牙、西班牙已经做了很多年贸易，但一直没有成立商馆。从某种意义上说，西班牙、葡萄牙进行的是一次性集资垄断贸易，是比较传统和原始的模式，其资金和活动仅限于个人，缺乏大公司雄厚资金的保障；而荷兰的商馆都是东印度公司在背后支撑，其模式更现代、先进，风险也更分散，战略更长远。从短期来看，西班牙凭借武力保有贸易垄断权，如果运气好一次航行就能发横财；但从长远看，荷兰模式更合理，能持续发展。"[①]

第三，资产阶级更讲契约精神。

即便是荷兰和西班牙战争期间，荷兰商船队也照样做西班牙的生意，运送粮食、武器等。1566—1654年间，西班牙从荷兰采购了价值2.18亿杜卡特金币的武器，这还不计算粮食等其他物

① 张兰星：《论17世纪日葡贸易衰落的原因》，《四川师范大学学报（社会科学版）》，2017年第5期。

资。而这段时间内，西班牙王室从印度群岛得到的财富总数也不过是1.21亿杜卡特金币。据统计，三十年战争期间西班牙一半的金银都流入荷兰资产阶级（银行家）的腰包。

荷兰经济腾飞的三大支柱是东印度公司、阿姆斯特丹银行和商船队。凭借这三大支柱，荷兰成为东方贸易的霸主、欧洲金融的中心和世界的"海上马车夫"。这三大支柱构成了现代资本主义生产方式所必备的所有条件：有限责任公司、资金融通、契约精神。

荷兰对西班牙的胜利代表着资产阶级正式登上了历史舞台。

第二章

荷兰的贸易能力登峰造极

　　荷兰的贸易能力是资本主义生产方式带来的。葡萄牙、西班牙是封建国王等私人资本掏腰包航海,荷兰则是众筹模式,率先发明股份公司。不但筹集资金的能力更强大,而且抗风险能力更强。凭借资本主义生产方式带来的巨大生产力,荷兰赢得了国家独立,进一步促进了资本主义经济的发展。

　　经济发展的必然结果是,分工越来越细,分工越细就意味着科技创新越多,荷兰成为当时的科技中心。经济和科技能力的提高必然带来军事能力的突飞猛进,因为军事能力说到底就是更多的资源、更好的武器,这是经济和科技的另外一种表现形式。

　　从时间上来看,整个 17 世纪都是荷兰人的世纪,一直到 18世纪的前 20—30 年依旧是荷兰占据着贸易主导地位。"17 世纪中叶荷兰达到巅峰,成为世界贸易中心、工业制造和金融中心,垄断了制糖业、纺织印染业、军工工业等。当时,世界用于海运的船只约 20000 艘,其中的 16000 艘属于荷兰,荷兰拥有的船舶总吨位比英国、法国、葡萄牙、西班牙四国的吨位总和还多,荷兰的海军力量是英国和法国的总和，是当之无愧的世界霸主。"①
贸易能力就是国家能力，这一理念在荷兰得到了最真实的展现。

第一节　资本主义生产方式登上历史舞台

荷兰被马克思称为"17 世纪标准的资本主义国家"②。

在资本主义刚刚崛起的年代，贸易和军事完全不分家。没有
强大的海军实力就无法保护自己的商船不被海盗抢劫。荷兰正是
凭借一流的造船技术逐渐取得了航海上的领先。

1581 年荷兰宣布独立后就开始了殖民扩张活动。"荷兰首先
夺取了波罗的海的控制权，当西班牙与丹麦密谋要封闭松德海峡
时，荷兰海军派出 50 艘军舰为荷兰商船护航。荷兰还学习英国从
事海盗业务，利用其强大的海上力量在美洲、西非劫掠西班牙、
葡萄牙的商船，仅据 1602—1615 年的统计，10 多年里荷兰人掳
获西、葡船只就达 545 艘。在 30 年战争（1618—1648 年）期间，
荷兰的西印度公司更是大打出手，派出成百上千的武装商人，协
同荷兰舰队骚扰西班牙海军，抓获西班牙的商船，侵吞其巴西殖
民地。荷兰把战争与商业竞争合二为一，不断扩大海外权益。"③

① 刘植荣：《透视 17 世纪荷兰的崛起与衰落》，BWCHINESE 中文网，2013
年 5 月 17 日。
②《马克思恩格斯全集》第 23 卷，人民出版社 1972 年版，第 820 页。
③ 董正华：《"联省共和"与 17 世纪荷兰的崛起》，《观察与交流》2007 年
第 4 期。

1595 年，荷兰派霍特曼率远征船队入侵印度、爪哇等地。1598 年派范尼克率远征船队东进入侵爪哇、摩鹿加群岛。这里之前是葡萄牙的殖民地，如今开始换了主人。"1600 年，荷兰抵达日本九州岛，打开日本国门；1605 年，攻克葡萄牙的安汶炮台，并在那里建立了第一个东方据点；1614 年，勒梅尔率远征船队入侵南美洲和太平洋，占领了盛产香料的摩鹿加群岛；1614 年，荷兰侵入美洲探险，占领了哈得逊河口；1622 年，建立了新阿姆斯特丹城，也就是现在的纽约。1619 年，在爪哇岛建巴达维亚城（今雅加达）作为殖民据点；1624 年，占领中国台湾；1624 年侵入巴西，夺取了其最富饶的一片土地，同时加紧争夺西印度群岛和中南美洲的西班牙殖民地；1637 年，荷兰攻克了葡萄牙在几内亚海岸苦心经营的圣乔治·达米纳要塞，次年还从葡萄牙手中夺取圣保罗−德−罗安达岛，随后又夺取圣多美岛；1641 年，荷兰从葡萄牙手中夺取了战略要冲——马六甲，这标志着葡萄牙在远东的破产。1645 年，荷兰舰队为结束丹麦和瑞典之间对自己不利的战争，前往波罗的海进行干涉。强大的海军力量使荷兰成为继葡萄牙、西班牙之后的海上霸主。"[1] 1648 年，荷兰强占了非洲的好望角，建立航海基地，荷兰的势力已遍布于世界各地，荷兰人已有能力控制和操纵全世界的贸易。

扩张仍在继续，17 世纪中期荷兰夺取了葡萄牙占据的马拉巴尔和科罗曼德尔海峡，1656 年占领锡兰，1667 年占领苏门答腊，

① 黄光耀：《第一次英荷战争（1652—1654）评析》，《江苏教育学院学报（社会科学版）》，2013 年第 3 期。

1669 年占领望加锡，1682 年占领万丹。亚当·斯密认为，"从经济上，至少在 18 世纪第一个 25 年、第三个 25 年或一半的时间里，是荷兰而不是英国占据着主导地位"。亚当·斯密生活在1723—1790 年，我认为他对于当世的观察是更可靠的。而这一切都源于资本主义生产方式带给荷兰的强大国家能力。

商业资本主义制度确立

前面叙述的这些侵略行为你很容易就把它和荷兰这个国家画上等号，进而把荷兰和前面的世界霸主葡萄牙、西班牙画上等号。实际上它们之间有着本质的不同。西班牙和葡萄牙是高度中央集权的封建王朝，荷兰则是资本主义政体。西班牙、葡萄牙的劫掠是国家行为，是封建国王为满足享乐进行的海外掠夺。而荷兰的侵略是公司行为，更本质地说是资本的行为。

当时，荷兰从事远洋探险和贸易的商业公司很多，给政府交点钱就能成立，而且这些公司都是自己组织雇佣兵，自己筹集原始资金，国家授予你对殖民地统治的权力。实际上这时候的国家什么也做不了，只是一个空头承诺。反正地盘是你自己打下的，国家只是承认你抢到的东西归你就好了。有时候国家也在这些公司里面入点股，将来分红。"在这些商业公司中，特别著名并起过重大作用的是荷兰西印度公司和东印度公司。"① 荷兰东印度公司是世界上第一个面向公众发行债券和股票的公司，第一个公开

---

① 苏威：《简论十七世纪荷兰成为世界经济强国的原因》，《北京商学院学报（社会科学版）》，2000 年第 6 期。

上市的公司，它带来的巨大资本是私人甚至国王所不能比的。

荷兰东印度公司的实际掌舵者是荷兰联省议会大议长奥登巴恩韦尔特。他把一群从事远洋探险和贸易的小公司联合到一起，1602年3月20日成立了"联合东印度公司（VOC）"，简称东印度公司。给政府交了一笔钱后，东印度公司获得了好望角和麦哲伦海峡的贸易权。可是这时候没有足够的钱支撑远航探险，怎么办呢？发行流通股！荷兰东印度公司是世界上第一个发行股票的公司，募集金额达到640万荷兰盾，折合65万英镑。这是一笔巨资。前面我们提到，英国女王一次军事远征只需要16万英镑，其中女王负担6万英镑就让英国国库空虚了。

这个制度设计影响深远。公司利用从公众中吸引来的投资招募军队，并且从政府手中获得和当地君主缔结条约的权力。这些股票从一开始就可以交易，有流通的二级市场，这也是全球首创。因为吸引了数千名公众股东的参与，所以东印度公司制定了一套严厉的规章，保证公司的高效运作。荷兰东印度公司发展很快，迅速成为荷兰以及全世界最大的企业！

1610年，东印度公司第一次分红，分红比例高达股票面值的75%。当年11月，公司以胡椒的形式再次分红50%，并对参与胡椒生意的股东再加7.5%的现金分红。1612年3月，以肉豆蔻的形式分红30%。这样，公司成立10年时，分红已达到股票票面价值的162.5%。1635年后，公司开始每年分红，平均年分红率为10%—15%，最高曾达到65%（英国的东印度公司成立于1600年，但是有125个股东，没有二级市场，资本金只有7.2万英镑，不足以和荷兰相提并论）。

东印度公司为荷兰的崛起立下汗马功劳，公司雇佣的航海家亨利·哈得逊先后发现了后来以他的名字命名的北美大河、海峡和海湾，先后战胜西班牙人、葡萄牙人，夺得马六甲、马来群岛和中国台湾岛，在印度东西海岸、日本和中国台湾设立商行①。从这个角度看，荷兰是现代意义上的资本主义公司制度以及证券交易所的鼻祖，世界第一个中央银行也是 1609 年在阿姆斯特丹成立的。

17 世纪中叶，荷兰的全球商业霸权已经牢固地建立起来。此时，东印度公司的贸易额占到全世界总贸易额的一半，比英、法、德诸国船只的总数还多。荷兰的实力已经遍布全球：在亚洲它不但占据了我国的台湾，而且垄断了日本的对外贸易，建立了雅加达这个城市然后殖民了印度尼西亚。非洲的好望角也已经落到荷兰手中。新西兰、巴西都被荷兰占领。在美洲，荷兰东印度公司建造了纽约城，当时它叫新阿姆斯特丹。马克思说：1648 年的荷兰已达到了商业繁荣的顶点。而这个最初的原动力不是别的，正是商业资本主义制度。

技术创新提升国家能力

荷兰能取得霸主地位，除了有资本主义的制度优势，还有其他一些不可或缺的条件。首先是技术优势，包括纺织技术、捕鱼技术、造船技术，这些是基于荷兰的地理位置和社会长期积累的

---

① 董正华：《联省共和与 17 世纪荷兰的崛起》，《观察与交流》2007 年第 4 期。

结果。其次是这些技术带来的国家优势，包括国家信誉以及金融优势。

一开始，英法为了对抗共同的对手西班牙，它们出钱出力支持荷兰和西班牙之间的战争。随着时间的发展，荷兰称霸也触动了欧洲各国的利益。贸易战如影随形贯穿着整个荷兰的称霸史。在工业革命以前，荷兰和其他国家贸易战的表现方式比较简单粗暴，第一种是抢夺技术工人，第二种是直接开战，通过战争获得贸易垄断地位。

● 荷兰具有优秀的纺织技术

由于宗教冲突和战争等原因，荷兰接纳了来自西班牙、葡萄牙、德国、法国的大量移民，其中包括很多手工业者、商人和银行家。他们为荷兰带来了纺织、印刷、出版和蔗糖加工技术，商人和银行家也带来了资金。

有资金、有技术，技术革命首先发生在纺织行业。在荷兰南部的伊普尔（Ypres）附近地区诞生了一种新工艺，当地人把棉花和羊毛进行混纺，产生了一种"新布料"。这种布料更便宜，重量更轻，印染也更容易。16 世纪 60 年代，这种技术开始在荷兰传播。荷兰莱顿（Leiden）成为这类新兴行业一个最大的单一生产中心，1581 年这个城市有 12000 人，1620 年增加到 43000 人，而 1660 年则增加到 72000 人。在纺织方面，荷兰将其主要竞争对手英国压得喘不过气来。当时，英国人只能把未印染、未加工的所谓"本色"呢绒坯料运到荷兰进行加工整理（缩绒和印染），而缩绒和印染两道工序相当于呢绒坯料成本（原料、梳理、纺毛条、织造）的一倍。

为了扭转这种不利局面，詹姆斯一世于1614年明令禁止英国出口"本色"呢绒。结果三年之内英国的纺织制成品出口量下降了1/3，以致该法案不得不于1617年被迫终止。由此可见，当时英国的纺织业根本不是荷兰的对手[1]。同时，英国国王也无法阻止"英国的进口商将未经加工的蔗糖送到荷兰进行提纯精炼，将初收割的烟草送到荷兰进行加工，将原始钻石送到荷兰进行切割"。

1670年，欧洲毛纺织业发源地的威尼斯参议院得出结论，唯一能够让他们的纺织工业振兴的办法就是进口荷兰的机器设备[2]。荷兰的问题在于，有了技术优势以后并没有试图去控制上游的原料——棉花。因为商业运输的钱和种植棉花相比实在是太容易了，他们不愿意干实业，最终选择了运输业和金融业。

● 荷兰的先进捕鱼技术

荷兰非常重视渔业的发展。在1580—1582年间，荷兰通过一系列的法案创立了一个控制鲱鱼工业的社团组织[3]。荷兰有三大渔业资源：鲱鱼、鲸鱼和鳕鱼。对于这三大渔业资源，荷兰人不仅仅是单纯的捕捞鱼，他们还将捕获的鱼加工、包装、贩售，荷兰沿海地区大批乡村劳动力都从事捕鱼业，渔业因此也被荷兰视

---

① 苏威：《简论十七世纪荷兰成为世界经济强国的原因》，《北京商学院学报（社会科学版）》，2000年第6期。

② 文一：《伟大的中国工业革命》，清华大学出版社2016年版，第72页。

③ ［美］伊曼纽尔·沃勒斯坦：《现代世界体系》（第二卷），庞卓恒等译，高等教育出版社2000年版，第64页。

为工业。

15 世纪后，最适宜腌制的鲱鱼大部分集中于北海，被誉为"荷兰金矿"，因为这些鲱鱼大部分被荷兰船只捕获。荷兰造船厂制造了一种"工厂船"，只需要 10—30 个船员就可以在海上对刚捕获的鲱鱼完成破膛、清洗、撒盐和装桶的全部工序。这种船只在每年 6—12 月的捕获季节往返三次，每次在外逗留 6—8 个星期。到了 16 世纪 60 年代，有 400 多艘这类船只从事捕鱼活动，捕获的鲱鱼大部分用于出口。到了 17 世纪，其捕获范围扩展到北极的斯匹次卑尔根群岛附近和英国的海岸附近，并在英国港口进行销售。[①]

由于海上捕捞和加工技术的发明，鲱鱼的捕捞和制作成为荷兰的核心产业链和生存基础，长期刺激着造船业和其他相关产业的发展，以至于仅鲱鱼业一项产业在 17 世纪初的荷兰就已经发展成了巨大的国际贸易。

为满足对荷兰渔业这一主要贸易"金矿"的扩张需求，荷兰在海岸建立了许多辅助工业，其中包括"二次腌制、食盐提纯、鲱鱼包装、制桶、渔网编织，以及造船业、厚蓬帆布编织和食品供给"，俨然一个现代社会的产业链。核心产业链和产业生态的建立大大刺激了荷兰工业和制造业的发展。[②]

---

① 《近代史上荷兰崛起的经济学解释》，《石家庄铁道学院学报（社会科学版）》，2009 年第 3 期。

② 文一：《伟大的中国工业革命》，清华大学出版社 2016 年版，第 72 页。

● 荷兰的造船技术独步全球

和前面的两个技术相比，造船才是荷兰领先全世界的看家本领，也是技术含量最高的领域。我们从历史课本上知道俄国的彼得大帝17世纪末去西方学习，当时他去的就是荷兰的船厂。这就好比20世纪初去英国的钢铁厂，21世纪去美国的硅谷，都是当时的世界顶尖技术所在地。19世纪日本开启工业革命，即便在那个时候，他们也是去荷兰学习造船和航海技术，而不是去英国。

荷兰生产的船只容量大，造价低。1570年荷兰发明了一种三桅商船，俗称"大肚船"。顾名思义，船肚子很大，所以载货量很大，甲板很小，这是因为当时对船只收税是按照甲板宽度为标准的，所以甲板越窄付的钱越少。这就让荷兰的船只运输具备了成本优势。其次是所需船员少，运营成本低。和英国、法国等国家生产的船只相比，同样的吨位，荷兰的船只船员要少20%。1696年的一份法国报告说，这种船能抗拒海上风浪，同其他船只相比，不用很多船员操作。一条载重20—30吨的船出海航行，法国人要派4—5名船员操作，荷兰人至多只派2—3名，在载重150—200吨的船上，法国人要用10—12名船员，荷兰人只用7—8名，在一条载重250—400吨的船上，法国人用18—25名船员，荷兰人最多只用12—18名……[1] 这种船在一定程度上，代表了工业革命之前制造出来的船舶所能达到的最高水准。

当时英国的船只普遍以硬木建造，船的两侧要架设炮台，主

---

[1] 苏威：《简论十七世纪荷兰成为世界经济强国的原因》，《北京商学院学报（社会科学版）》，2000年第6期。

要目的是防止海盗袭击，这就大大增加了造船成本，降低了载货量。而荷兰的船只用松木和木钉连接，也不配备火炮，抗打击能力远远不如英国的船，但是船只造价只有英国的一半，载货量却是英国同类型船只的 2 倍。所以荷兰的船只运费只有竞争对手的三分之一。"这种船成为荷兰控制世界海洋贸易的主要依靠，荷兰因此有了'海上马车夫'之称。而且荷兰的造船厂机械化程度很高，造船速度很快，费用很低廉，在当时的欧洲首屈一指，英国人直到 18 世纪才能在商船运输方面与荷兰竞争。"①

这时候你会问了，难道荷兰人就不怕自己的商船被海盗劫持？原因是这样的。在北欧地区运输，荷兰商船都可以要求荷兰海军护航，人家把军事从航运中独立出来了。如果是从荷兰到印尼的那种长途航行，那么通常都是吨位足够大的船只，上面也可以配备武器，完全可以独自航行。但是英国以及其他国家所有吨位的船只都要同时载货和配备武装，再加上生产工艺落后，成本高，所以竞争不过荷兰。

为世界贸易制定标准

荷兰渔业真正取得巨大成绩不仅是因为建造了一流的船只，而且因为它创造了一种世界贸易的标准。不要小看这个标准，你想想，在工业革命以前，没有大规模的使用机器生产，你如何保证所有的产品有差不多的规格。尤其是打鱼这种随机性这么大的

---

① 宋慧国：《近代荷兰贸易霸权的兴衰》，《黑龙江教育学院学报》，2008 年第 8 期。

事情，如果没有一致的标准，计价本身就要耗费非常大的成本。尤其是几百艘渔船同时靠港，这是个非常棘手的事情。

荷兰鲱鱼的生产过程中，存在着许多严格的管理措施，比如对于盐和鱼质量的控制，等等。为了检验其质量，所有的鲱鱼在运抵荷兰口岸之后均要进行再包装①。正是因为再包装后有了统一标准，荷兰的产品一直以高质量著称。高质量使其得以在欧洲任何一个市场上均具有价格优势，至少比别人贵 20%。

英国乔赛亚·蔡尔德爵士在他 1668 年出版的《简论贸易与货币利息》中提到荷兰政府制定标准的问题。"荷兰在国内和国际贸易、富裕人群和航运规模等方面急速增长"，他认为原因在于"它们所有国内商品的精确制造……它们上述商品的名声在国外一直很好，购买者均不开箱验货，就按标准接收货物"。这大大便利了荷兰商品的流通。

荷兰造船业的生产工艺和生产流程非常先进。船只的制造过程高度机械化，当时已经开始运用风力锯木机、动力运料器、滑车、绞辘、重型起重机等。这样一个配套系统在全世界是独一无二的。因为生产的标准化，所以不同船只的设计、零部件都能互换，这也大大降低了船只的维修费用。阿姆斯特丹围绕造船业发展出了一整套工业体系，每样东西都有专门的生产商，比如帆布、罗盘、缆绳、木板等，甚至绘制海图、海用仪器也有专门的生产商。了解现代造船业的人都知道，船只是接单以后再生产。

---

① ［英］波斯坦等主编：《剑桥欧洲经济史：近代早期的欧洲经济组织》（第5 卷），经济科学出版社 2002 年版，第 144 页。

但是在当时的荷兰，他们不仅接受订货，而且直接生产成品给市场销售，质量一流。荷兰人竟有力量每年造新船二千艘[1]，这种超大规模的生产自然也降低了成本。所以17世纪中期荷兰的商船队船舶总吨数相当于当时英、法、葡、西四国的总和。

想想工业革命以后福特生产T型车的流水线（1913年），它无非就是做到了高度标准化，结果大获成功，而荷兰早在300年前就开始进行标准化造船了。

第二节 英荷贸易战

荷兰的海上贸易、殖民地经济蒸蒸日上时深深地刺激了英国。早在1615年，英国海上冒险家华特雷利就说过："谁控制了海洋，谁就能控制贸易；谁控制了世界贸易，谁就能控制世界财富，进而控制世界本身。"这个信念深深地刻在英国人的心头。

英国自踏入近代以来就特别重视对外贸易，作为岛国，这是其整个经济生活的主题。当荷兰的航海、殖民优势，特别是海上贸易的垄断权如日中天时，英国想要发展就面临两个选项，一是支持自己的商人通过正常的贸易战赢得市场，二是通过武力遏制外国商人的竞争优势。一开始英国也确实想和平发展，但是迫于荷兰的技术优势"纺织、捕鱼、造船"等，英国在正常的贸易竞争中一直处于下风。就连成立更早的英国东印度公司也受到荷兰

---

[1] ［德］弗里德里希·李斯特：《政治经济学的国民体系》，商务印书馆2011年版，第36页。

东印度公司的排挤，完全被赶出南洋群岛，这是当时最重要的香料产地，结果完全被荷兰垄断了。波罗的海市场就更不用说了，完全在荷兰家门口。就连英国周边也到处是荷兰的捕鱼船队，他们直接把打捞上来的鱼在英国市场高价出售，自己的捕鱼技术和加工技术就是赶不上别人。种种贸易冲突导致两国关系极度紧张。1610年开始荷兰不断来英国，试图通过谈判化解冲突，但未能取得任何进展。荷兰当然也意识到英国的野心，结果英国内战期间，荷兰人不仅乘机扩张自己的势力，而且支持查理一世和爱尔兰起义者，阻止英国统一。这让两国矛盾更深了。

1649年克伦威尔掌权后英国获得了统一，克伦威尔倾全国之力投入海军扩展计划。英国的海军虽然还没办法和荷兰媲美，但是发展非常迅速。这时候的英国人普遍相信，只有荷兰人受损，英国贸易才会繁荣，正如一位英国商人所说：世界贸易对我们两国而言太少了，因此必须有一方被打倒。1651年，英国新政府将皇家旧海军的军舰全部收编或肃清完毕，他们也学习荷兰，明确实行商船和军舰分离的政策。同时，这一年英国议会通过了《航海条例》，规定所有输入英国的货物只能用英国船只运输，向荷兰的海上霸权发起挑战。荷兰要求英国撤回《航海条例》，遭到英国的拒绝，两国矛盾激化，在1652—1674年之间爆发了三次英荷战争。荷兰战败后逐步走向衰落，英国一跃坐上世界霸主的宝座，成为18—19世纪的"日不落帝国"。[①]

---

① ［德］弗里德里希·李斯特：《政治经济学的国民体系》，商务印书馆2011年版，第23页。

先礼后兵

1649 年克伦威尔上台后确定了英国的对荷政策:"或者是两个海上强国结成牢固的同盟,几乎合并为一个统一的国家,否则便作殊死斗争,以迫使荷兰承认英国在海上和海上贸易方面的霸权。"[1]

1651 年 2 月,英国议会派圣约翰和斯特莱克率领 250 人的代表团前往海牙与荷兰代表谈判。英国人毫不隐瞒想要吞并荷兰的意愿,毕竟荷兰土地只有英国的 1/6 大,人口巅峰时也不到 200 万,英国则高达 500 万以上。谈判的最后英国代表提出:"双方在许多国际问题上和国际事务中,行动统一,形同一国。在某些场合包括在许多问题上,荷兰的三级会议应服从英国议会的决定。"英国谈判大使最后补充说:"如果这些建议被接受,还有更重要的、将对两个共和国的幸福具有更重大后果的条文要提出来。"[2]这样的条约当然不可能被荷兰接受。荷兰人要的很简单,自由贸易、自由航海、自由捕鱼,英国人在世界各地也享有同样的权利,自由竞争。双方不欢而散。

外交手段失效之后,英国开始实施严厉的经济措施,通过经济手段排挤荷兰人的贸易和航运以增加英国的份额,同时加强对英属殖民地的经济控制。

---

[1] 黄光耀:《第一次英荷战争(1652—1654)评析》,《江苏教育学院学报(社会科学版)》,2013 年第 3 期。

[2] 黄光耀:《第一次英荷战争(1652—1654)评析》,《江苏教育学院学报(社会科学版)》,2013 年第 3 期。

1651 年 10 月 9 日，英国议会通过了克伦威尔提出的《航海条例》。这是一个针对荷兰的贸易战，这条法律一直持续了 200多年。《航海条例》规定："自 1651 年 12 月 1 日起及从此以后，亚洲、非洲和美洲，或该三洲的任何部分，或属于该三洲的岛屿，或该三洲通用地图或图片所载明或记述的岛屿，无论为英国人或别国人的殖民地，所生产、出产或制造的任何货物或商品，如由非属于英国人所有的任何种类船舶载运，皆不准运往或带进英吉利共和国、爱尔兰或属英吉利国家或受其管辖的任何其他地方、岛屿、种植园或领土。违者，其全部进口货物，应予没收。条例的第二部分规定，禁止一切从事欧洲产品的中介贸易的所有商船开往英国领土及其殖民地。自 1651 年 12 月 1 日起，凡在欧洲或欧洲任何地方出产和制造的任何产品或商品，如用外国商船装运，即这些商船不属于英国人或这些商品生产国所有，则不得进入英国或爱尔兰或属于英吉利共和国或受其管辖的其他地方、岛屿、种植园和领土。但生产、制造、加工上述商品的国家或地方的公民私人拥有的外国商船则属例外。违反条例者，货物及船只将予以没收。"[1]

这是针对荷兰的精准打击，简单来说，荷兰的商队不允许去英国的殖民地运送货物，荷兰的商船经过英国领海就会被没收。看看地图就知道，英格兰的地理位置非常好，荷兰船队必须经过英吉利海峡。其实荷兰这时候已经没有退路了，口头抗议结束后

---

[1] Joan Thirsk, J.P. Cooper, *Seventeenth Century Economic Document*, Oxford University Press, 1972, pp.502–505.

只有两个选择：屈服或战争。

1651 年 12 月底，荷兰外交使团抵达英国进行关于《航海条例》的谈判。但是英国已经铁了心决定和荷兰第一次世界大战。1652 年 3 月 15 日，英国向荷兰提出了对方根本无法接受的条款：（1）将香料群岛交给英国；（2）惩办 1623 年在安汶岛上杀害英国商人的罪犯；（3）荷兰人不能在英国殖民地进行贸易；（4）不承认英国和荷兰属地之间在北美洲的现有边界等[①]。英国挑战荷兰霸权的战争开始了。

第一次英荷战争，荷兰战败

1652 年 5 月 29 日，英国率先挑起了与荷兰的军事冲突。英军布雷克率领的 25 艘战舰遇见正在护航的荷兰海军。荷兰的护航舰队多达 42 艘军舰，但是因为要保护商船，所以不能全力作战。英军率先要求荷兰军舰降半旗向英军致敬，并且多次开炮警告。荷兰海军上将特罗普不辱使命，果断拒绝，并鸣炮回敬傲慢的英国海军。双方随即展开炮战，战役整整持续了 4 小时，荷兰损失了两艘战舰，英军的指挥舰严重受损。严格意义上说，双方战平了。因为一旦英军指挥舰（旗舰）被击沉，整个舰队就等于失去了大脑。不管怎么说，英军拉开了第一次英荷战争的序幕。随后英荷海军在全世界范围内展开激战，包括地中海、印度洋、北海等。

[①] ［苏］叶·阿·科斯明斯基等：《十七世纪英国资产阶级革命》（下卷），何清等译，商务印书馆 1991 年版，第 59 页。

荷兰海军整体实力要强于英军，问题在于，荷兰要保护全世界的商船队。因为此时的荷兰商船垄断了全球60%—70%的远洋贸易。英国海军知道不可能在全世界范围内打赢荷兰，所以它把自己的军舰都摆在家门口。看看世界地图就知道，英国的位置太好了，荷兰的船队进出都要经过英吉利海峡。英国大军封锁之下，荷兰商船不敢随意出门，成千上万的商船被封堵在家门口，出门必须依靠荷兰海军护航。英军的战略是能抢得到就抢，如果对方护航舰队够强大，那就立马开溜。

1652年12月1日，特罗普率领70艘战舰为荷兰300多艘商船护航，10天后在邓杰内斯碰到了拦路打劫的英军。这次英军没能跑得了，特罗普主动进攻，英军大败，3艘战舰被击毁，2艘被俘虏，布雷克率领的英国舰队被迫退入泰晤士河避难。

此时的英国是举全国之力打仗。1653年4月克伦威尔解散了英国议会，建立了军事独裁统治。所有的税收都被用来建造军舰，他们想找合适的机会一举消灭荷兰海军。1653年6月12日加巴德沙洲海战。英国举全国之力，出动115艘战船追击特罗普率领的104艘护航舰队，希望一决雌雄。战役开始后布雷克又率领18艘英国战船前来增援，经过1天1夜的战斗，英国渐渐取得了优势。荷兰舰队撤退到佛兰德浅滩，英军取得了荷兰外围的制海权。此次战役荷兰损失战舰9艘，被俘11艘，死伤1400人。英军只损失了1艘战船，死伤仅400人。荷兰失去家门口的制海权后，对外贸易被迫中断。荷兰率先提出与英国谈判，因为两年多的战争荷兰被英国俘虏了1700艘商船，再加上英国封锁海岸使荷兰的粮食、肉类供应中断，社会矛盾激化。战争的胜利让英国更加坚定了吞并荷兰的决心。1653 年 6 月 30 日克伦威尔说，反对荷兰是上帝的旨意，失败后的荷兰唯一的出路是"同你们强大的邻国携手合作，共同推动基督世界并解救被压迫的人民"[1]。7月 25 日英国正式通知荷兰谈判代表："两国必须在一个最高权力之下合并，没有商量余地。"[2]

没有战争的胜利就没有谈判的本钱。1653 年 8 月 10 日，荷兰海军司令特罗普重整旗鼓，率领 82 艘战舰反击，荷兰以 15 艘战舰的代价打败了英军，解除了英军对荷兰海岸的封锁。海军名将特罗普在此役战死，从后面的历史看，这是荷兰最大的损失。荷兰解除封锁后终于获得一定的话语权。双方再次谈判，英国放弃了吞并荷兰的企图，荷兰接受了《航海条例》的束缚。

1654 年 4 月 5 日，英国和荷兰签署《威斯敏斯特和约》，荷兰被迫承认英国颁布的《航海条例》，这对于靠转口贸易为生的荷兰来说是致命打击。整体上，荷兰帝国在全球范围内开始转攻为守。

第一次英荷战争是英国"有史以来第一次政府有意识的、故意的用它的海权去促进商业"[3]。毫无疑问英国获得了巨大成功，开始全面走上争夺海洋霸权和建立世界贸易帝国的道路。

---

[1] S.R.Gardiner, *History of the Common wealth and Protectorate*（vol 2），New York: Longmans, 1965, p.45.

[2] S.R.Gardiner, *History of the Common wealth and Protectorate*（vol 2），New York: Longmans, 1965, p.44.

[3] Clayton Roberts, David Roberts, *A History of England: Prehistory to 1714*（Vol 1），New Jersey: Prentice Hall, Inc, 1991, p.372.

第二次英荷战争，荷兰大胜

第一次英荷战争并没有从根本上解决双方的矛盾。英国想要吞并荷兰的愿望没有实现，荷兰接受了英国《航海条例》的束缚。但是英国根本没有足够的船只取代荷兰的商船，因为英国国内所有的船厂都在建造军舰。英国人知道荷兰不会善罢甘休，更知道荷兰的工业制造能力远在英国之上，所以不敢松懈，依旧在生产军舰！

荷兰名义上接受了《航海条例》，但实际上用各种办法逃避，甚至公然违反。从实际情况看，荷兰的"海上马车夫"地位并未发生动摇。法国历史学家费尔南·布罗代尔认为，荷兰的商业活动从1730年才开始衰落。对于英国的殖民地来说，《航海条例》的效果也不大，一方面距离太远，英国海军的实力还不足以对殖民地进行管控。对于殖民地的种植园主来说，还是谁给的价高商品就卖给谁，谁的运费便宜就让谁运输。甚至英国的殖民地也开始发展了自己的造船厂，有船以后想运到哪里就运到哪里。荷兰一向是接受竞争的，并没有试图遏制其他国家发展运输业。所以，英国的《航海条例》在一开始起到的作用并没有想象的那么大。另一方面，英国的海军实力可以在家门口欺负荷兰，但是不足以在全球和荷兰作对，根本管控不到殖民地。所以全球贸易依旧是荷兰商船主导。

随着英国本土海运力量的崛起，英国商人开始不断给政府施压、向国王请愿，要求荷兰商船退出非洲、退出美洲。随着英国相对实力的提升，第二次英荷战争只是时间问题。荷兰也没有闲着。他们重整军力，并且认识到单凭护航商船是无法击败英国的，必须以荷兰的海军主力和英国舰队进行决战，从根本上夺取制海权。

战争依旧是英国人挑起的。1663年英国武力占领荷兰在非洲西海岸的殖民地，这是第二次英荷战争的序幕。1664年4月英国海军占领了荷兰在北美的殖民地新阿姆斯特丹[①]。荷兰也不甘示弱，以牙还牙。1664年8月，荷兰夺回了非洲的据点。1665年6月13日，英荷两国军舰在英格兰外海相遇，随即爆发了大规模海战。英国舰队有137艘战船，荷兰舰队有103艘战船，双方在英格兰东海岸洛斯托夫特大战。最终荷兰损失17艘战船，4000余人，英国只损失2艘战船和800余人，英国取得了初步胜利。1665年8月6日从非洲收复据点回来的德·奈特执掌全荷兰海军，双方连续展开了五次海战，互有胜负。

1666年6月11日，德·奈特率领84艘战舰出海，英国的蒙克率78艘战舰迎战。双方激战四日，英军大败，损失了17艘舰船，阵亡5000人，被俘3000人，其中有2名将军和12名舰长阵亡。荷兰方面仅损失了6艘战舰，伤亡2500名官兵[②]。荷兰大胜，并且封锁了泰晤士河口。1666年9月10日，伦敦发生大火，城市的2/3被烧掉，再也无力继续争夺海上霸权。1671年1月开始希望和荷兰进行谈判，荷兰在战争中正处于上风，再加上英国实在是嚣张，荷兰很想趁机教训英国，所以并没有停战的意思。1667年6月19日，荷兰舰队59艘战船挺进泰晤士河口，寻找英

---

① 英军占领后把新阿姆斯特丹改名为纽约。

② 敦刻尔克海战，https://www.pmume.com/view/nb9v4.shtml。

国战舰。6月22日荷兰舰队找到了达查塔姆船坞，摧毁了6艘军舰，并俘虏了"皇家查理"号。荷兰海军封锁泰晤士河长达数月，英军毫无抵抗之力。1667年7月31日，双方签订《布雷达和约》，英国被迫放弃《航海条例》对荷兰的束缚，英国的领地苏里南割让给荷兰，英国则保留了新阿姆斯特丹。

第三次英荷战争，荷兰小胜

这一次，荷兰同时面对英国和法国的两头打击。英国想要争夺海上霸权，荷兰是最大的阻碍。法国想要争夺欧洲大陆的霸权，荷兰也是最大的障碍。于是，英法偷偷联手，共同对抗荷兰。法国国王路易十四和英国国王查理二世是表兄弟关系，查理二世的母亲是路易十四的姑姑。路易十四向英王查理许诺，打败荷兰后，将荷兰的瓦尔海伦岛、布里尔城和卡赞德城并入英国。

1672年法国对荷兰宣战，英国援助法国对荷作战。1672年3月，英国在没有宣战的情况下突然袭击了荷兰的一支商船队，于是第三次英荷战争爆发了。法国陆军于1672年入侵荷兰，英国同时在海上进攻荷兰。我们看到，历次战争都是英国背信弃义，撕毁条约。

很快法国就占领了60%以上的荷兰领土，造成荷兰的大震荡与政变，形成荷兰所谓的"灾难年"。荷兰人以决堤的方式阻止法军占领阿姆斯特丹，1672年8月奥兰治亲王威廉三世临危受命，成为联省执政，拯救国难。威廉三世先与西班牙、奥地利、普鲁士等结盟，迫使法国撤兵，收回失土。再派人到英国重金游说议员并制造反法舆论，激化英国市民对天主教法国的恐惧与仇恨，使得英国国会逐渐反对与法国结盟，不愿继续拨款给查理二世，迫使查理中止英法联盟并与荷兰议和。

1673 年 3 月，荷兰海军击退英国舰队。6 月，英法联合舰队与荷兰进行了两次斯库内维尔德海战，荷兰均获得胜利。8 月，法国宣布退出战争，英荷都无力继续战争，英国遂被迫停战。战后，英国通过购买的方式得到荷兰部分殖民地，两国于 1674 年正式结束第三次英荷战争。荷兰消除了海上威胁，取得了制海权，大批东印度公司护航船安全返回。

第三节　荷兰国家能力衰退

荷兰的经济在 1672 年遭到严重的伤害，虽然在 17 世纪 80 年代大力恢复而重返富强，但再也无法回到 1672 年以前的盛况。一般通称的荷兰黄金时代仍然持续到 1702 年（一说 1713 年），但黄金时代的高峰确实过去了。最好的见证者是世界级画家维梅尔的遗孀卡特琳娜，她发现灾难年（1672 年）后的艺术市场严重不景气，以至于她与丈夫很难卖出画作，在负债累累之下，卡特琳娜不得不于 1675 年申请破产。不少荷兰精英也认为荷兰的地理不够安全，先后移居到对岸的英国。

英荷战争停止后，荷兰和法国的战争还在继续。1674 年 7 月19—21 日，马提尼克岛战役法国获得了加勒比海的局部优势，对荷兰在美洲的势力构成威胁。1676 年 4 月 22 日，奥古斯塔海战，荷兰海军大神鲁伊特战死，西地中海制海权被法国夺取，更重要的是，在法国的打击下荷兰丧失了世界第一海上强国之位。1678

年，《奈梅亨条约》的签订，结束了法荷战争，荷兰欧洲仲裁者的地位就此丧失，法国成为欧洲霸主。

荷兰的衰落也是因为过度资本主义。这个国家首先是商业资本家的国家，然后才是荷兰人民的国家，他缺乏民族主义革命带来的那种社会凝聚力，所以危急关头资本家只关注自己的资本，没有人为荷兰这个国家拼死搏命。所以在后来的国际竞争中败给了英国，失去了在荷兰爆发工业革命的历史机遇。从国家能力的角度分析就是缺乏社会治理能力，无法团结民众爱国奉献、为国而战。

第四节　送你个王位要不要

17世纪，整个欧洲都去荷兰抢工人。我们看一下1671年一个荷兰作者巴伯写的一篇关于航运业的文章。他说，"学习荷兰做法的外国人如在异国环境里使用异国工匠造船都不可能模仿成功，这些工匠缺少荷兰人所具有的节俭和爱好整洁的性情"。不管他说的原因是不是正确，我们可以读到的事实是，外国人都去荷兰抢人。他说，这些工匠同海员、码头工人、农民一样，堪称"欧洲受教育最好、最富有生气和最坦率的工匠"。英国海军专员向荷兰船木工请教，法国的柯尔贝尔爵士也设法招募了40个荷兰船木工，向法国造船工人传授技术。然而，缺乏荷兰大型锯机和造船厂起重机的先进技术或许促使某些荷兰木匠拒绝了法国人的邀请。

1672年，法国和荷兰爆发关税战。荷兰造船用的帆布是从法国进口的，法国以为只要停止给荷兰出口帆布，他们的造船业就会受损。那时候的人们还不懂比较优势原理，荷兰不造帆布只是因为它要做利润和技术含量更高的活儿。结果，法国帆布因为关税战而停止进口后，荷兰迅速生产出足够的亚麻帆布，不但供自己使用，还顺带占领了英国、西班牙的帆布市场，而这些地方原本是法国帆布的领地。

1688 年，这一情况被彻底改变。荷兰执政威廉三世带了所有的先进技术和资本去英国当国王。这成为荷兰衰落的开始，也是英国迅速崛起的重要原因。大约一个世纪后，18 世纪后半期，荷兰议会才禁止本国的熟练技术工人移民，尤其禁止大型锯机的操作员、制绳工人、纺织品精整工等移民国外，但为时已晚。

荷兰执政成为英国国王

一场婚姻改变了英国国运。

1677 年，詹姆斯二世的女儿嫁给了荷兰共和国执政（宪法国王）威廉二世的儿子威廉三世。这个詹姆斯二世就是当时英国国王查理二世的弟弟，也是英国皇家海军最高指挥官，第二次、第三次英荷海战他都是最高指挥官。

1685 年查理二世去世，他没有合法子嗣，于是英国王位传给了他的弟弟詹姆斯二世。也就是说，1685 年荷兰最高领导人（荷兰共和国执政）威廉三世的岳父是英国国王。因为宗教原因，1688 年英国议会发动了"光荣革命"，威廉三世被英国议会的反对派从荷兰请来担任英国国王。有一点必须告诉读者，詹姆斯二世是有儿子的，也就是说威廉三世的妻子并不是第一顺位继承人，但是英国国内的新教徒不希望英国处在天主教的控制下，所以他们把信奉新教的威廉夫妇请过来当国王。

天底下竟然有这样的好事，威廉三世当然很高兴。他同意英国人开出的条件，废除詹姆斯二世的法律，扩大议会权力，没有议会的允许国王不得颁布法律和征税。也就是说，这是个没有实权的傀儡皇帝，但是威廉三世接受了。英国通过三次战争都没有达到吞并荷兰的目的，最后通过把自己国家王位送给荷兰国王的方式达到了两者的"统一"。

说到底，即便当初按照英国想要的方式统一，他们想要的也无非是荷兰的资本和先进技术。现在，竟然通过如此简单的方式实现了。1688年11月5日，威廉率领1.5万人，400艘运输船，53艘军舰在托尔湾登陆，我们很难说这是一次和平继承，甚至可以说这是一次里应外合的驱逐英国国王的行动。威廉三世的岳父大人詹姆斯二世仓皇出逃到德意志，后来被抓回来，经威廉夫妇同意后让他流亡法国。1689年威廉夫妇共同被加冕为英国国王，威廉三世还同时兼任荷兰执政。

威廉三世当这个英国国王也有自己的小算盘。法国当时还在不断扩张，荷兰面临随时被吞并的危险。1686年因为巴拉丁的帝位继承问题，荷兰组成一个外交同盟（奥格斯堡同盟）来对抗法国。除了荷兰，反法同盟的成员还包括瑞典、西班牙、巴伐利亚、萨克森和巴拉丁。威廉去英国当国王自然也就把英国这支强大的力量纳入了反法同盟。当上英国国王后，他就亲自挑起了英法第二次百年战争（1689—1815年）。法国想吞并荷兰的野心最终无法得逞。威廉领导的英荷联军在1692年拉和岬战役和

1695 年的那慕尔战役中取得决定性胜利。1697 年英国、法国、西班牙和荷兰签署了《里斯维克条约》，通过牺牲西班牙的利益，威廉三世成功保住了荷兰的独立地位并防止了法国在欧洲取得霸权。

英国获得了大量世界最先进技术

成为英国国王后，威廉三世把荷兰精锐部队调到了英国，同时把荷兰的整套商业模式、金融制度搬到了英国。荷兰的许多能工巧匠、科学家、金融家、艺术家等都被招到英国。大量资金从荷兰流入英国，使荷兰国力空虚，逐步走向衰落。[1] 荷兰的金融制度、先进技术与英国更丰富的资源相结合，共同开启了大不列颠的辉煌时代。

1693 年英格兰银行成立，这个银行就是以阿姆斯特丹银行为原型复制的。银行成立后逐步承担今天中央银行的职能，开始发行长期英国国债，使英国当局支持战争的财力剧增，为英国海军的长期运作奠定了基础。

荷兰的造船技术一直是包括英国在内的其他欧洲国家模仿的对象。1688 年威廉就任英国国王之后，鼓励荷兰熟练工人去英国工作从而加速了造船技术向英国的扩散 [2]。造船技术为英国的海上扩张提供了客观前提，1710 年荷兰的海上霸权最终转移

---

① 刘植荣：《透视 17 世纪荷兰的崛起与衰落》，《新金融观察》2013 年 2 月 4 日第 024 版。

② 蔡一鸣：《世界经济霸权国家更迭研究》，《经济评论》2009 年第 5 期。

给英国。

　　荷兰的农业也非常先进。通过种植牧草，多年轮作，荷兰在没有大量牧场的情况下发展出高生产率的畜牧业，这些技术都迅速传到了英国。由于这种技术的引进，英国和荷兰一起成为欧洲农业生产率最高的地区（巴斯、韦直宁根，2002）。[①]

　　英国学到荷兰的技术后，荷兰执政威廉也就失去了利用价值。1714年，英国议会又邀请德国汉诺威的乔治一世成为国王，现在的英国王室就是他的后代。从那时起，英国的君主就更加有名无实，英国议会掌握了国家的绝对权力。

　　荷兰资本主义生产方式的引进大大促进了英国经济的发展，尤其是工业能力上了一个大台阶。工业能力的发展意味着科技能力和军事实力的直接提升。英国成为历史上第一个完成工业化与民族国家融合的新型帝国。英国的国家能力达到巅峰，成就了日不落帝国百年霸业。

第五节　要了王位丢了国家

　　威廉三世于1702年过世，荷兰人的爱国心更加消退。1713年西班牙王位继承战争结束时，荷兰为了降低财政负担而大幅裁撤海军、陆军。荷兰从能够独立对抗英法的军事帝国蜕变为纯粹的金融国家。

　　海上霸权拱手让给英国，"海上马车夫"成为历史，从根本

[①] 蔡一鸣：《世界经济霸权国家更迭研究》，《经济评论》2009年第5期。

上说这是商业资本败给产业资本的结果，也是商业资本短视的证据。1720 年四国同盟战争结束，《海牙条约》签订后，荷兰主动放弃了欧洲的政治地位，这是最后一场荷兰主动参加的欧洲大战，战后荷兰彻底从一流大国名单中消失。

1780 年，英国以荷兰支援美国独立战争为理由，发动了第四次英荷战争。英国无视威廉三世当初主导的英荷同盟的各种条约，靠着优势的海军把军备废弛的荷兰彻底打垮，掠夺荷兰商队的物资，继续自己最擅长的海盗勾当。

1784 年，战争随着英国承认美国独立而结束。荷兰也因为国势与信用一落千丈，金融霸权被英国摧毁，金融中心由阿姆斯特丹向伦敦转移。荷兰在世界上开始彻底沦为一个无足轻重的角色。

1795 年荷兰本土被法国占领，荷兰共和国灭亡。英国于 19 世纪初夺取了荷兰的大部分殖民地，也夺取了荷兰的大部分垄断贸易份额。[①]

"荷兰作为一个优势商业国走向衰落的历史就是商业资本在产业资本面前屈服的历史。"[②] 荷兰走上金融的道路似乎为英美标明了航向，最后它们无一例外都走向了这里。

---

① 蔡一鸣：《世界经济霸权周期：一个一国模型》，《国际贸易问题》，2011 年第 9 期。

② 《资本论》第 3 卷，人民出版社 1966 年版，第 373 页。

第三章
产业资本初露锋芒

英国工业革命的重要性怎么强调都不过分。如何解释工业革命在英国的爆发依旧是经济学界重要的学术问题，至今没有一个统一的答案，但是有几点是学界取得共识的。

第一是贸易保护，因为有对纺织业的长期保护才有了持续的技术革新。举例来说，1666年的安葬法禁止使用外国产的裹尸布；1699年羊毛法案，禁止殖民地的羊毛制品进入本土市场；1700年禁止印度棉布在英国本土销售等。

第二是通过军事手段获得殖民地市场，并且禁止殖民地自主生产商品、自主贸易，所有商业行为必须不能损害英国本土商人的利益。比如禁止美国生产帽子，禁止英国殖民地从第三国进口商品，英国北美领地的一个工厂要买一些法国产的缆绳，明明法属北美殖民地的缆绳厂就在附近。可是按照英国的《航海条例》，这些法国缆绳必须先横跨大西洋运往英国本土，然后再加价销往英属北美海外领地的工厂。

第三是英国本土纺织业的技术进步刺激了生产过程的机械化。蒸汽开始运用于纺织过程，进而刺激了煤炭、铁矿等重工业的发展。炼铁和煤炭生产方面出现和采用了很多新的技术和发明。例如，在煤的开采中使用凿井机、曳运机、蒸汽抽水机、安全灯等；在采用煤或焦炭炼铁的同时，利用鼓风设备使炉火不断地燃烧，发明了搅拌法和碾压精炼法，提高了炼铁的效率和质量。因而，英国的煤产量、铁产量大幅度增长，1850年煤产量达到了5000万吨，铁产量达到了230万吨。纺织、冶金、煤炭成为英国在产业革命中建立起来的三大支柱工业，为带动其他部门的发展以及促使英国成为"世界工厂"作出了贡献。

机械的运用让劳动生产效率大为提高，1786年英国100支棉纱价格为每磅38先令，1790年为30先令，1800年为9.5先令，1807年为6.75先令。这个价格足以在世界棉纱市场将其他国家排挤出去。1810年，英国棉纺织业机纺锭数为506.7万枚，法国为104万枚，德国为30万枚，美国为12.2万枚。英国在纺织品方面已经取得了绝对优势，人类进入了大工业时代。

第一节　英国的国家能力是怎么来的

贸易保护引发技术创新

先有贸易保护，后有技术创新，然后刺激了重工业的发展。在英国发展的过程中，这个先后顺序非常重要。所以贸易保护是重中之重。至于用军事手段获得殖民地，控制殖民地的贸易几乎是所有列强都用的政策，西班牙、葡萄牙也都是这么干的。

亚当·斯密指出："母国最初对它们所颁布的一些条例，其目的总在于保证它独占此等殖民地的贸易，限制它们的市场，牺牲它们以扩大自己的市场。因此，与其说促进它们的繁荣，倒不如说加以压制。"①所以这一点的重要性和独特性并不突出，反而是贸易保护提供了最初的原动力，然后才有技术革命和蒸汽革命。

英国国内的很多技术最初都是从欧洲大陆（包括荷兰）传过去的，比如呢绒、麻布、玻璃、纸张、帽子、钟表等等。大批新教徒被信奉天主教的西班牙国王菲利普二世和法国国王路易十四从欧洲大陆赶出去，他们都流落到信奉新教的英国。英国在工艺上、资本上获得了巨大的优势，并建立严格的关税制度保护这些幼小的手工业。伊丽莎白时期（1558—1603年）英国开始禁止金属、皮革等工业制成品输入英国。这些弱小的手工业经过一代又一代的保护，技术不断积累，国内也不断竞争，质量越变越好，效率越来越高。当整个国家的工业能力获得优势地位后，再开始自由贸易。

英国的《航海条例》也是贸易保护的绝佳证据，1651年的《航海条例》规定，殖民地运输货物至英国或另一殖民地，或欧洲商品运送到英国及英国的殖民地，均须使用英国船只装载，目的就是打击海上运输的竞争对手荷兰，要知道这时候距离工业革命开始还有100多年。

英国为了保护自己纺织业的发展，1700年开始严格禁止印度的棉布、丝绸输入英国。因为英国的纺织成本、产品质量都完全

---

① ［英］亚当·斯密：《国民财富的性质和原因的研究》（下卷），商务印书馆1997年版，第161—185页。

没办法和印度比。要知道，很多英国人在印度本土设厂生产纺织品，但是这些纺织品却绝对不允许卖到英国，基本都卖到了欧洲大陆。100 多年后，1814 年，印度对从英国进口的棉、丝织品征收的关税仅为 3.5%，而向英国出口棉织品征收的关税依旧高达 80%。按照亚当·斯密的经典理论，印度产品物美价廉，英国应该放弃纺织，从印度购买才划算。实际上英国当初根本不是这么做的！后面的结果我们知道，英国经过长期的技术积累，棉布产量、质量、效率都超过印度，称霸世界。

生铁对英国工业发展具有重要的意义。所以，英国长期以来一直鼓励北美殖民地炼铁业的发展。但为了避免殖民地的铁器制造业发展成为母国同行业的竞争对手，英国议会于 1750 年通过法令，禁止在殖民地开办新的金属制板厂或诸如制钉等切割工厂，殖民地也不得建造炼钢炉[①]。1773 年，英国政府通过《救济东印度公司条例》，给予东印度公司到北美殖民地销售积压茶叶的专营权，每磅茶叶征收 3 便士的进口税。同时明令禁止殖民地当地人贩卖私茶。该条例引起北美殖民地的极大愤怒，成为"波士顿倾茶事件"的导火索。

经过长期的保护，17、18 世纪之交，英国的发明和创新如火如荼。诺丁汉织袜机、纽科门蒸汽机、科特钢钛搅炼工艺等先后出现。英国工业的巨大发展自然引起了邻国的极大兴趣，大家都去英国刺探商业机密，以便将这些新的工业生产技术引进到他

---

① 王晓德：《英国对北美殖民地的重商主义政策及其影响》，《历史研究》
2003 年第 6 期。

们自己的国家。一些"工业间谍"为进入英国工厂和车间寻求种种合法借口，而他们来此的目的是了解新机器的秘密。一些外国人设法在英国的工厂里就业，旨在尽可能地学习操纵机器，以便回国后自己可以制造出相同的机器。工业生产技术通过不同途径从英国传播到欧洲大陆。英国政府急切地开始制定措施，禁止机器出口和熟练工人移居国外，以保持对工业知识和技术的垄断。1719 年和 1775 年两次颁布熟练技工不得出境的禁令。1774 年、1781 年和 1785 年又先后颁布禁止工具、机器图纸和机器出口的禁令，使英国尽可能地垄断新技术。尽管如此，技术还是在向欧洲大陆转移。飞梭的发明者约翰·凯被法国政府吸引到法国，向工人传授棉花的梳理与纺织。约翰·霍尔克尔在法国政府的帮助下建立了一座棉纺织厂。威廉·威尔金森的铁器和机械制造商同样被吸引到法国，并帮助法国人在勒克勒佐创建了一座铸造厂。①

重工业让国家能力发生质的飞跃

1688 年英荷合并以后，英国获得了荷兰的造船技术，从那时起英国一直都是通过进口木料制造帆船。随着工业革命的发生，英国的钢铁业获得巨大发展，人们开始尝试把钢铁用于船只的外壳防御。随着蒸汽机技术的成熟，钢铁外壳的船只加上蒸汽机，造船业发生了巨变。1820 年，世界上第一艘蒸汽铁船诞生了。这是英国领先于时代的标志，也是海战武器代差的开始！过去造船

---

① 查尔斯·P. 金德尔伯格：《世界经济霸权：1500—1990》，高祖贵译，商务印书馆 2003 年版，第 175 页。

靠的是能工巧匠，只要挖人就行，现在已经变成了依靠国内的工业体系。没有英国的工业体系就没有钢铁供应，也没有有效率的蒸汽机，所以有再多人你也造不出铁船。这是工业体系带来的质的飞跃，英国取得了在世界范围内无可匹敌的强势地位。

1800 年，英国人口仅占欧洲总数的 8%，但生产了欧洲 29% 的生铁。1820 年，英国垄断了全球海运能力的 40%，超过英、法、美的总和。曾经的"海上马车夫"荷兰的份额只剩 2%。1830 年英国生产的铁占全欧洲的比重提升至 45%。机器大工业开始在英国工业生产中占据主流地位，手工工场被淘汰了！人类历史上第一个现代工业国诞生了。

1850 年英国生产了全世界 50.9% 的生铁，60.2% 的煤炭。英国在全球贸易额的比重达 22%，因为贸易额是双向统计，22% 就意味着世界将近一半的商品是英国同各地贸易的结果，1870 年，这一比例继续提升到 25%，相当于法国、德国、美国的总和[①]。伦敦终于超过阿姆斯特丹成为世界唯一的金融中心。

第二节　自由贸易本身就是贸易战

当英国在 19 世纪 40 年代推广自由贸易时，《剑桥欧洲史》这么写道："这个国家已走过了将近一个世纪的工业发展，比邻国领先了大约 40~60 年。"此时的英国已经不再害怕别国产品的竞

---

① 臧旭恒等：《中国崛起与世界经济版图的改变》，《经济学家》2014 年第 1 期。

争，逐渐取消了农业、工业产品的关税限制。1842年英国开始着手进行关税改革。

英国首相罗伯特·皮尔1842年提出关税改革法案。"大幅降低了关税，并废除了自1774年以来的机器出口禁令。1846年，英国废除《谷物法》，取消农业进口保护性关税，这是英国自由贸易政策确立的重要标志之一。1849年《航海条例》被终止。1841—1846年，英国取消了605种商品的进口税和降低了1035种商品的进口税。1860年，英国单方面取消贸易和关税上的所有限制，并同法国和其他欧洲国家建立了旨在促进自由贸易的——《科布登-谢瓦利埃条约》，这意味着双边自由化同等地适用于所有参与国家。"[①]这些举措让英国成为自由贸易的拥护者，也开启了人类历史上第一次自由贸易的浪潮，直到大萧条，英国才正式放弃自由贸易的国策。

从国家生产力发展的角度看，如果在竞争能力很低下的时候就接受英国的自由贸易，那么必定会沦为原料产地，成为标准的农业国。要想发展工业，在和国外有代差的情况下必须进行贸易保护，先把国内市场给本国企业进行原始技术积累、资本积累。等工业能力和国际先进水平不相上下了，再打开国门进行自由贸易，甚至可以占领国际市场。

自由贸易会破坏落后国家的竞争力是因为，大机器生产一定会带来产能过剩、利润率下降，因为大机器带来的产量基本是无

---

① 邓久根、贾根良：《英国因何丧失了第二次工业革命的领先地位？》，《经济社会体制比较》，2015年第4期。

限的。把严重过剩的商品输出到贫困国家，它的工业不可能有竞争力，这会直接摧毁原始的工业积累。

英国的确从自由贸易中获益匪浅，出现了所谓的"维多利亚大繁荣"。"1846年以后，英国经济每年以2.4%的速度高速增长，这在当时世界经济增长中是最高的。英国的出口增速由1846年之前15年间的年均5%提高到了6%，这是从1697年该领域有数据可考以来的历史最高值。从主导产业来看，从1846年开始，英国棉纺工业制成品出口份额由下降再次转为上升，纺织业的国际地位得到了进一步巩固。英国在1850—1870年间，棉纺织品出口的价值和数量均增长了大约150%。同时，英国钢铁的产量占欧洲产量的份额从1838—1842年的54.2%上升到1851—1862年的58.5%。"[①] 开放机器出口禁令以后相关出口额大幅上升，1870年达到530万英镑，世界各国都从英国购买机器设备。

千万不要以为自由贸易是和平的，它只是对欧洲国家相对文明。对待亚洲、非洲则是直接用大炮轰开国门，强制降低关税，开放通商口岸。蒸汽铁船相对于各国的木船有着代差，这是英国推广自由贸易的基础。巅峰时期的英国海军力量超过所有其他国家的总和。我们看看1841年的文章，弗里德里希·李斯特作为"当代人"是怎么评价当时的英国。他在《政治经济学的国民体系》第四章说："英国掌握了每一个海洋的锁钥，对每一个国家都安

---

① 梅俊杰：《自由贸易的神话：英美富强之道考辨》，上海三联书店2008年版，第166页。

置了步哨，它安置步哨的所在：对德国是赫耳果兰岛，对法国是格恩济岛和哲尔济岛，对北美洲是新斯科页半岛和百慕大群岛，对中美洲是牙买加，对沿地中海各国是直布罗陀、马耳他和爱奥尼亚群岛。它在通往印度的两条航线上据有了每一个战略要点，只有苏伊士地峡在外，然而也正在竭力争取；它以直布罗陀控制地中海，以亚丁控制红海，以布什尔和卡拉克控制波斯湾。它只需再把达达尼尔和松德海峡、苏伊士和巴拿马地峡拿到手，对于世界上不论哪个海洋，哪处主要航线，就可以随心所欲地开放或封锁。它一个国家的海军力量就超过了所有其他各国海军力量的总和，即使以船数计不一定这样，无论如何以战斗力计总是这样。"①

17世纪英国追赶荷兰的一百年中至少经历了15场战争，平均6年一次。而英国"光荣革命"后的18世纪至少有25场战争，平均4年一次。工业革命主导的19世纪英国至少有77场战争，平均1.3年一次，而且战争的不对称程度越来越高。这些战争大多数与企图进行贸易垄断、殖民征服获得原料、侵犯他国主权获得市场有直接关系。想想19世纪英国对我们发起的两场鸦片战争，清政府根本没有还手之力，那就是拒绝自由贸易的后果！

在维也纳会议上，英国从法国人手中强占了毛里求斯、塞舌尔群岛、多巴哥和圣卢西亚，从荷兰、西班牙、丹麦等国强占了非洲的开普，亚洲的锡兰、马耳他、特立尼达、赫尔戈兰等。这些地方对于维持英国贸易通道具有重要意义。1815年反法战争结

---

① ［德］弗里德里希·李斯特：《政治经济学的国民体系》，陈万煦译，商务印书馆2011年版，第52、53页。

束，英国的殖民地从 1792 年的 26 个增加到了 43 个。[1]经过一系列的全球征服，英国成为真正的"日不落帝国"。

殖民地承受自由贸易的后果

英国经济学家史丹莱·杰温斯在论述英国 19 世纪中叶在国际分工和世界市场上的特殊地位时，曾作了如下生动的描述："北美和俄罗斯的平原是我们的粮田；芝加哥是我们的粮仓；加拿大和波罗的海沿岸是我们的林木生产者；在澳大利亚和新西兰放牧着我们的羊群；在阿根廷和北美的西部大草原放牧着我们的牛群；秘鲁送给我们白银；黄金则从南美和澳大利亚流到伦敦；印度人和中国人替我们种植茶叶，在东西印度扩大了我们的咖啡园、甘蔗园和香料园；西班牙和法国是我们的葡萄园；地中海沿岸各国是我们的菜园。我们的棉田，长期以来都分布在美国南部，而现在差不多扩展到地球上各个热带地区去了。"[2]到 1870 年，英国殖民地面积已达 2250 万平方公里，人口达 2.5 亿。

英国对亚洲的贸易主要通过东印度公司进行，对非洲的贸易通过几内亚公司进行，在北美则建立了 13 个殖民地，推行奴隶种植园制度。殖民者如何获得殖民地，如何进行残酷的剥削、屠杀不用多说，看看我们的近代史就知道这个过程有多么血腥和暴

---

① 马跃：《大国崛起过程中的国际贸易摩擦研究》，博士学位论文，东北财经大学，2013 年。

② 《世界通史资料选辑》（近代部分）（上册），商务印书馆 1964 年版，第 294 页。

力。北美的奴隶种植园制度对英国工业革命的爆发起到非常重要的作用。简单说，"没有奴隶制就没有棉花，没有棉花，现代工业就不可设想。奴隶制使殖民地具有价值，而殖民地产生了世界贸易，世界贸易是大工业的必要条件"[1]。亚洲（印度、中国）则承担了工业革命的后果，陷入了被深度奴役的命运。

● 印度沦为殖民地经济

随着英国工业革命的深入推进，英国的大机器对原材料的需求越来越大，英国不再满足于通过代理人获取原料，他们开始通过武力的方式直接占领印度，雇佣工人直接生产棉花。印度从原来自给自足的半殖民地经济彻底沦为殖民地经济。印度的手工业被英国彻底摧毁，从1781年到1836年，印度从纺织品输出国变成输入国，而且进口量越来越大。与此同时印度的棉花出口额也越来越大，从1833年的3200万英镑增加到1848年的8800万英镑。

其他产业和棉纺织业类似。英国的工业制成品如铁器、陶瓷、玻璃、纸张等大量涌入印度，农业附庸型殖民地经济正式形成！

17世纪30年代，英国即将完成工业革命，但是它依旧很难打开中国市场。英国人民有钱后对中国的茶叶、丝绸、瓷器需求量越来越大，所以英国对华贸易依旧是逆差。为了缓解这种情况，英国开始了罪恶的鸦片贸易。鸦片的生产地就在英国的殖民地——印度！

---

[1] 马跃：《大国崛起过程中的国际贸易摩擦研究》，东北财经大学，2013年。

● 中国成为第一个"自由贸易"国家

1840 年以前，英国对华贸易从未有过顺差。但是随着英国军事能力的增强，他们开始寻求改变这种地位。最后他们选择了能带来巨额利润的鸦片。面对烟毒泛滥和白银外流，清政府当然要禁烟。英国则不惜以武力来维护鸦片贸易，1840 年向中国发动了鸦片战争，清政府被迫签订不平等条约，割地赔款，开放通商口岸，协定关税。下表是鸦片战争前后几种主要进口货物的税率，这是当时全世界最低的关税！清政府率先实现了比英国更彻底的自由贸易。

货物	单位	1843 年以前的旧税率	1843 年以后的新税率	税率下降幅度（%）
棉花	担	24.19	5.56	77.02
棉纱	担	13.38	5.56	58.45
头等白洋布	匹	29.93	6.95	76.78
二等白洋布	匹	32.53	6.95	78.64
本色洋布	匹	20.74	5.56	73.19
斜纹布	匹	14.92	5.56	62.73

资料来源：严中平等编：《中国近代经济史统计资料选辑》中国社会科学出版社 2012 年版，第 59 页。

"1843、1844、1845 年北方各商埠刚开放时，英国人兴奋若狂，谢菲尔德的一家有名商行向中国输出了大批刀叉，并声明它准备把刀叉供给全中国。…… 一家著名的伦敦商行向中国输出了大批钢琴。"[1] 但是，"1842 年的条约在促进英国对华出

----

① 彭泽益：《中国近代手工业史资料》第一卷，生活·读书·新知三联书店 1957 年版，第 493 页。

口贸易方面，没有发生丝毫影响。"[①]英国对华贸易依旧是严重逆差。

年份	中国对英国出口（英镑）	中国从英国进口（英镑）	英国的逆差额（英镑）
1833—1835	3779385	850159	2929226
1837—1839	4273858	911560	3362298
1842—1846	5322288	1783888	3538400
1854—1858	9157001	1964242	7192759

资料来源：《经济研究》，1955 年第 2 期。

可见《中英南京条约》签订后，英国对华贸易虽然有所增长，但是中国对英国的出口贸易增长得更快。1842—1846 年，英国对华贸易逆差 3538400 英镑，1854—1858 年扩大到 7192759 英镑。英国人认为是中国的市场开放程度不够，于是发动了第二次鸦片战争，并于 1858 年订立《中英天津条约》，再次降低税率。

货物	单位	1843 年税率	1858 年税率	税率下降幅度（%）
棉花	担	6.54	5.72	12.54
斜纹布	匹	7.89	5.05	35.99
印花布	匹	14.25	4.98	65.05
袈裟布	匹	10.68	4.98	53.37
棉纱	担	6.94	4.86	29.97
羽缎	丈	9.46	6.31	33.3

资料来源：严中平等编：《中国近代经济史统计资料选辑》中国社会科学出版社 2012 年版，第 59 页。

---

① 《马克思恩格斯全集》第 13 卷，人民出版社 1962 年版，第 602 页。

自 1842 年《中英南京条约》签订到甲午战争爆发前的 1894 年，中国被迫对外国开放的商埠有北海、广州、拱北（澳门）、潮州（汕头）、琼州（海南岛海口）、厦门、台湾府（台南）、淡水（台北）、福州、温州、宁波、上海、牛庄（后改营口）、登州（烟台）、镇江、南京、芜湖、九江、汉口、宜昌、重庆、龙州、蒙自、亚东、伊犁、塔尔巴哈台（塔城）、喀什噶尔（疏勒县）、吐鲁番、哈密、乌鲁木齐、古城、肃州（嘉峪关）、乌里雅苏台（哲布哈兰图）、库伦（今乌兰巴托）等。1845 年英国首先在上海设划租界，到 20 世纪初，英、美、法、德、日、俄、意、比、奥 9 国先后在上海、广州、厦门、福州、天津、镇江、汉口、九江、芜湖、重庆、杭州、苏州、沙市、长沙和鼓浪屿 15 个地方共设 37 处租界。租界最初是外国居住和经商之用，后来，外国人在租界非法开设银行、工厂、商店、船坞等并设立武装和行政机构，租界成为殖民地。英、法古典经济学家们倡导的"自由贸易"理论在本国还没有实现，但在中国却完全彻底地实现了。

清政府从 1865 年第一次出现了贸易逆差。之后，除 1872—1876 年曾一度有少量贸易顺差之外，就一直是贸易逆差，而且逆差的数字越来越大。

年份	进口额（千两）	出口额（千两）	顺差 +/逆差 –（千两）
1864	46210	48654	+2444
1866	67174	50596	–16578
1868	63282	61826	–1456
1870	63693	55295	–8398
1872	67317	75288	+7971

年份	进口额（千两）	出口额（千两）	顺差 +/ 逆差 –（千两）
1874	64361	66713	+2352
1876	70270	80851	+10581
1878	70804	67172	−3632
1880	79294	77884	−1410
1882	77175	67337	−9838
1884	72761	67148	−5613
1886	87479	77207	−10272
1888	124783	92401	−32382
1890	127093	87144	−39949
1892	135101	102584	−32517
1894	162102	128105	−33997

资料来源：杨瑞六、侯厚培等编：《六十五年来中国国际贸易统计》，1931 年。

第二次鸦片战争后，中国市场已成为世界市场的组成部分，在资本主义经济侵入下的中国正逐步成为半殖民地半封建经济。

英国用大炮轰开清政府的大门，本质上是工业文明对农业文明的碾压。任何落后国家想要提升国家经济能力，必须进行工业化，到今天仍是如此。今天的所谓发展中国家都是没有成功进行工业化的国家。一个国家一旦开始工业化，面临的第一个问题就是贸易问题。生产什么，怎么生产，为谁生产，资金哪里来，如何组织市场，一切的一切全是贸易问题。一旦开始生产，必然要碰到竞争对手，矛盾无法调和怎么办？打仗！第二次世界大战以前的世界战争基本都可以从贸易的角度来解释。

金融是经济发展的结果

经济是金融的基础。1688 年"光荣革命"后,荷兰的金融手段引入英国,阿姆斯特丹的交易手段、期货交易、边际购买,以及"抛""收""多头""空头"等,在伦敦也统统出现。英国还效仿阿姆斯特丹设立了英格兰银行,相当于今天的中央银行。英格兰银行被授权发售国债、发行纸币等权力,形成高效的债券市场。这个体系能够动员社会各阶层的金融资源为国家所用,甚至动员全世界的金融资产为自己服务。而同时期的欧洲其他国家则始终依赖于原始初级的税收体系。

1688 年,英国政府债务只有 100 万英镑,而到 1697 年则上升至 1670 万英镑。1698 年起,政府发行的债券的价格每周发布两次,并开始在全欧发行[①]。这一高效债券市场使英国财政体系走在了欧洲的前列,这是英国金融革命的重要标志[②]。到 1750 年,英国政府债务更是达到 7800 万英镑,已是 1688 年的 80 倍,大约是当时英国国民收入的两倍[③]。随着英国工业持续崛起,银行也同步成长。1783 年英国的国债达到 2.385 亿英镑,每年债息就超过 800 万英镑,但是这时候的世界金融中心依旧是荷兰的阿姆斯特丹。直到 18 世纪末 19 世纪初英国开始工业革命后,

① 张亚东:《重商帝国:1689—1783 年的英帝国研究》,中国社会科学院出版社 2004 年版,第 87 页。

② 孔祥毅:《晋商与金融史论》,经济管理出版社 2008 年版,第 237 页。

③ 姜海川:《从世界强国崛起看金融革命对经济的引领作用》,《中国金融》2006 年第 9 期。

金融中心才逐步往伦敦转移。因为金融是经济发展的结果，而不是原因。

进入 19 世纪，伦敦便正式取代了此前的阿姆斯特丹，无可争辩地成为世界上最大的金融中心，英镑成为当时最重要的国际货币。尽管在金本位制下黄金是最主要的国际结算货币和储备货币，但为了方便，40% 以上的贸易结算不是通过黄金而是通过英镑来完成的，当各国出现贸易逆差时，英格兰银行作为国际借贷中心向逆差国提供英镑贷款[①]。伦敦国际金融中心在国际金融领域中的独霸地位一直持续到第一次世界大战的爆发。

类似于 18 世纪的阿姆斯特丹人，19 世纪和 20 世纪的伦敦商人也热衷于对外投资。英国投资于外国的财富份额从 1870 年的 17% 上升到 1913 年的 33%。没有任何其他国家能达到如此多的国外投资，最接近的法国，其外国资产还不到英国的一半，而德国仅略多于英国的四分之一。第一次世界大战前夕，英国的海外投资高达 40 亿英镑，占西方总投资的一半，英国成为国际资本的供应国，以绝对的优势取得了国际金融领域的统治地位。[②]

大家要知道此时的世界科技创新中心已经是美国和德国。事实再次证明，发达的金融业是经济发展的结果，而不是原因。

① 储敏伟、贺英、朱德林：《2007 年上海国际金融中心建设蓝皮书》，上海人民出版社 2007 年版，第 231 页。
② 游碧蓉：《透视国际金融中心的百年变迁》，《亚太经济》2001 年第 2 期。

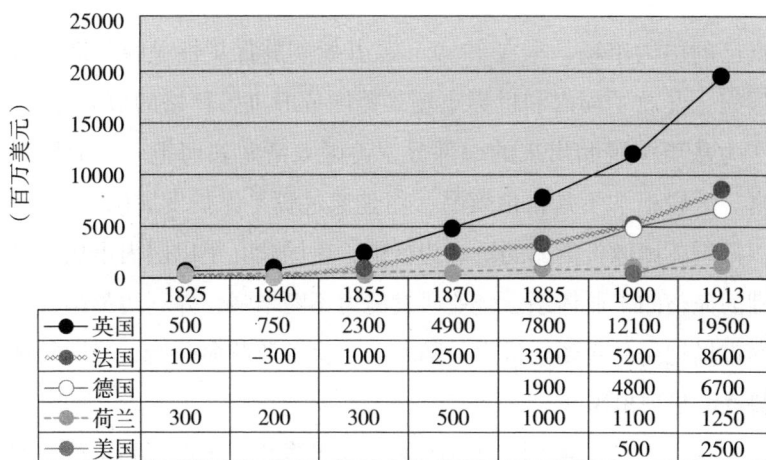

	1825	1840	1855	1870	1885	1900	1913
●—英国	500	750	2300	4900	7800	12100	19500
×···法国	100	−300	1000	2500	3300	5200	8600
○—德国					1900	4800	6700
●···荷兰	300	200	300	500	1000	1100	1250
●—美国						500	2500

欧美主要工业化国家对外投资对比（1825—1913 年）

资料来源：伍德拉夫：《西方人的作用》，转引自［美］P. 金德尔伯格：《西欧金融史》，徐子健等译，中国金融出版社 1991 年版。

工业时代如何提升国家能力

并不是所有的国家都接受英国宣传的那一套自由贸易规则。1871 年德国实现统一，首相俾斯麦于 1879 年开始对进口征收关税，保护弱小工业。一方面如李斯特所见，发达的英国工业对德国构成威胁，因而需要全力加防范，把国内市场留给本国的企业家；另一方面他又敏锐地注意到德国可以利用英国广泛而开放的市场。因此，德国利用英国敞开的自由贸易大门，凭借化工等新技术的突破而形成强劲的工业竞争力，反过来大举占领英国市场[1]。

美国独立后，英美关系并不融洽。美国一直没有向英国开放

---

[1] 邓久根、贾根良：《英国因何丧失了第二次工业革命的领先地位？》，《经济社会体制比较》2015 年第 4 期。

自己的国内市场，早在 1789 年就开始实施保护性关税。即便英国完全开放了国内和世界市场，美国依旧进行严格的贸易保护。作为从英国脱胎出来的一部分，美国太清楚如何把一个穷国变富。手段根本不是自由贸易，而是通过贸易保护发展国内工业。以抵制英国廉价商品的诱惑为代价，美国建立了以国内市场为基础的完整的工业体系。企业研发能力不断增强，并利用英国开放的市场把商品卖到全世界。随着第二次工业革命开始，美国的优势逐渐显现出来。

19 世纪末，美国工程师和科学家开发出了生产率高于英国的新工艺和新产品，如贝西膜工艺为美国钢铁业带来了高速发展，20 世纪初，电力的广泛应用、福特 T 型车流水线的发明都彻底改变了世界。美国后发先至。

英国在第二次产业革命中落后了，但是因为庞大的世界市场，英国的贸易规模在持续扩大。这带有很大的欺骗性，因为英国出口的是第一次工业革命的产品，并且开始进口德国、美国生产的第二次工业革命的产品。贸易规模增长掩盖了质变的发生。自由贸易为此时的英国创造了 GDP，但是损失了潜在生产力。英国财政收入提高了，但是工业发展在竞争中逐渐落后于德国、美国。

第四章
英国协调国际关系的能力

第一节　英国成功压制法国

1688 年"光荣革命"后，英国进入了一个新的历史时期。老对手荷兰已经不足为虑，因为双方现在是同一个国王，而且英国获得了大量先进的技术和资本，并逐步取代荷兰成了海上霸主。而此时欧洲大陆力量最强的是法国。英国将法国看作"天然的敌人"，认为只有向欧洲霸主法国挑战，遏制法国的霸权，使欧洲大国呈现出实力均势的状态，英国才能夺取和巩固海上霸权。法国自然不肯放弃对海上霸权和殖民地的追求，英法之间的斗争和角逐异常激烈 [1]。再加上荷兰也面临法国的威胁，它利用自己当英国国王的机会开启了第二场英法百年战争（1688—1815 年）。

---

[1] Jeremy Black, *Natural and Necessary Enemies: Anglo-French Relations in the Eighteenth Century*, London: Duckworth, 1986.

法国国家能力的崛起

拿破仑一世蔑称英国是小店主之国，虽然话不中听，但是他却道出了实情。英国就是靠这一个个的小作坊起家，靠贸易保护一点点做大、靠国家力量拓展海外市场，逐渐成了"日不落帝国"。这个探索的过程确实非常艰辛，是前人没走过的路。

法国从一开始就是国家投资为主，因为它是封建王朝主导工业发展，资产阶级革命直到1789年才爆发，但是法国的工业并不明显落后于英国。法国靠国家投资、引进先进技术、制定产品标准、关税保护和殖民扩张发展工业。

法国工业的崛起是从柯尔贝尔（1619—1683年）时期开始的，他是路易十四的财政大臣，凭借国家财政资金从全世界（主要是低地国家和意大利）招聘优秀技师和工人，收买商业秘密、机械和工具等。对内则废除地方关税，建立统一的法国市场。同时，积极修路、疏通运河，改进运输方式。这些举措扩大了国内市场，为工业发展创造了良好的基础。

封建王朝的共性是，一旦商人赚点钱都想买爵位、买官，而不想怎么改进技术、扩大生产。所以为了发展工业只能是国家扩大投资，同时利用高关税（1667年）保证这些皇家手工工场能够盈利。但这种国企并非一无是处，为了顺利出口，它们制定严格的质量标准。例如，纺织品若达不到65经纱数以及一定的长度、宽度、重量，就要被公开焚毁，普通纺织品至少需经6道检查才能上市。至17世纪末，法国已有近200家手工工场，这里的产品凭借高质量受到全欧洲的欢迎。法国大革命前夕，全法国已有手工工场514家，法国在时装业、家具业、烈性酒和葡萄酒酿造业等方面始终保持着欧洲领先地位，当时法国外贸总额超过了其他任何一个国家。所以，国有企业是法国的传统！

19世纪末期，英国工业革命，法国直接效仿英国，积极部署大工业。1787年新建的克罗索冶金公司拥有四个大熔炉和两个大铸铁厂。法国最大的昂赞煤矿公司1789年拥有4000名工人和12台蒸汽机。在纺织业中，尽管英国有禁止机器出口的禁令，但通过走私，法国在棉织业中还是拥有约900台英国机器。这些也都是国有企业。

1789—1794年大革命的胜利使法国走上了资本主义发展道路。1804年，法兰西第一帝国建立，拿破仑对内采取了一系列有利于政治稳定和资本主义发展的措施，进一步摧毁了封建旧制度，巩固了资本主义的社会秩序。英国主导和参与的五次反法同盟都以法国的胜利结束，法兰西第一帝国盛极一时。

战争结束后，法国经济逐渐恢复。工业生产中使用蒸汽机和新式机器的数量从1814年的15家工厂提高到1830年的625家工厂，棉花用量、丝织品总量、钢铁产量、煤开采量、贸易总额都增加了2—3倍，蒸汽机功率增大了几十倍。1848年，紧随英国之后，法国也进入工业大发展时期。法国走了一条和英国截然不同的国有化发展之路。

英法贸易战法国惨败

"西班牙王位继承战"获得奴隶贸易权和法国的部分殖民地。

1700年西班牙王室绝嗣，西班牙国王卡洛斯指定法国国王路易十四的孙子腓力为王位继承人。卡洛斯的姐姐是法国国王路易十四的妻子，按照中国的叫法，腓力叫卡洛斯舅姥爷。英国第一个跳出来反对，它害怕将来腓力继承法国国王的位置后法国和西班牙合并。其他欧洲列强也反对，所以英国把它们联合起来组成反法同盟，对法国开战。法国战败，海军几乎被英国全灭，陆地战争也没占到什么便宜，1713 年法国被迫签订《乌德勒支和约》。该和约规定法国和西班牙不得合并，腓力必须放弃法国王位继承权。

英国通过《乌德勒支和约》取得的最关键战果是黑奴贸易特权，这是利润非常丰厚的生意，这项生意之前在法国手里。同时，法国割让阿卡迪、纽芬兰岛、圣基茨岛、哈德逊湾给英国，同时开放法国殖民地的商业贸易权给英国。英国大获全胜！

禁止法国和英国的殖民地做贸易。

18 世纪是西印度群岛快速发展的时期，这里盛产糖料。因为法国实行宽松的殖民地政策，所以西印度产糖殖民地内的经济更活跃，糖价也更低，于是英国殖民地的人们就直接从这里购买。这激怒了英国，认为法国入侵了英国市场。1733 年英国通过了著名的《糖浆法案》，对西印度群岛商品施以重税，遏制法国势力扩张。

"七年战争"占领法国殖民地。

为了彻底击败法国的海上力量，夺取制海权的全面优势，1756 年英国联合普鲁士对法、奥宣战。战争在 1756 年爆发，一直打到 1763 年，故被称为"七年战争"。英法海军在大西洋、地中海、北美、西印度群岛、印度洋频繁交战，七年战争是英法海上争霸斗争的顶点。结果法国被英国彻底打败，海军力量被摧毁。法国被迫割让加拿大、法属路易斯安那给英国，并退出印度让英国独占。法国通过这次战争几乎失去了所有的殖民地，只能休养生息。而英国的殖民地从战前的 26 个上升到战后的 43 个。

法国丧失欧洲霸权

为削弱英国的力量，法国支持美国独立。

法国一直没有放弃向英国复仇的打算，英国也没有放松对法国东山再起的警惕。1775 年美国爆发独立战争，法国率先承认美国，并以同盟者的身份参与了美国独立战争。虽然法国的海军不如英国，但是法国是陆战强国，整个北美独立战争法国职业军人贡献卓著，因为没有训练过的北美民兵根本无法抵挡英军。独立战争爆发后英国陆军总人数从 2.7 万人猛增到了 15 万人，美国大陆军战力低下、节节败退。1779 年美国大陆军日益陷入困境后，法国王室决定直接派兵参战。

在迫使英军投降的约克镇战役中，法美联军共 1.6 万人，其中法国远征军总司令罗尚博伯爵直接率领 7000 法国士兵，华盛顿率领的大陆军中也有法军，前卫军司令就是法国将军拉法耶特，他也率领着 5000 名法国军人。同时法国还派来了自己的海军司令率领舰队前来增援，并且取得了约克镇外围的制海权，击退了增援的英国海军，最终迫使英军投降。可以毫不夸张地说，在美国独立战争中，法军起了决定性作用。

1783 年 9 月 3 日，美国成为美洲首个独立的国家。英国则丧失了 13 个人口最多、最富饶的殖民地。但是英国还保有加拿大、纽芬兰和西印度群岛的一部分殖民地。英国还通过发动对荷兰的第四次战争获得了补偿，首先把荷兰海军歼灭，其次抢占荷兰的殖民地，最狠的是拒绝支付荷兰购买的英国国债利息，实际上是赖账。可是没有军队撑腰的荷兰，再有钱也没用。英国让荷兰承担了自己失去殖民地战争的损失。

英法协定，法国出了大昏招。

北美战场以英军的失败结束，双方开始坐下谈判。两个国家的财政危机都很严重，都想通过发展商业解决财政问题。法国想利用这次机会让英国放弃贸易保护政策，降低关税，实行自由贸易。法国政府设计了一套经济方案，它力图实现英国在欧洲孤立的同时寻求英法合作的可能性，法国认为通过与英国自由贸易就可以把英国置于法国影响之下[①]。英国被迫同意法国制定的自由贸易政策，双方关税大幅下降10%—12%。但是条约的结果并没有按照法国预判的方向前进。因为英国的工业实力这时候超过法国，大批英国的呢绒、棉布、五金等接连不断倾销到法国。法国企业抱怨英国以其产品便宜15%的价格与其竞争，随着法国革命的爆发，1793年，英法协定被国民工会废止。看来搞贸易战不懂经济规律是不行的。

拿破仑发起经济战，结果法国率先崩溃。

1789年法国大革命爆发以后，欧洲的封建王朝都联合起来

---

① Marie Donaghay, "The Marechal de Castries and the Anglo-French Commercial Negotiations of 1786-1787", *The Historical Journal*, Vol. 22, No.2, (Jun., 1979), p.295.

反对法国，英国也加入反法同盟并大力支持，出钱出枪。但是在陆地战争上法国一向是所向无敌，四次反法同盟都被拿破仑打败了，欧洲大陆大部分地区都纳入了法国的势力范围。

为了彻底打垮英国，加上海战能力不行，拿破仑想用经济战的方式削弱英国，防止它再次干预欧洲事务。1806年11月21日，拿破仑颁布大陆封锁令，即《柏林敕令》，对英国及其殖民地实行封锁。1807年1月的《华沙敕令》、1807年11月和12月的《米兰敕令》及1810年10月的《枫丹白露敕令》，强制法国的同盟国和附庸国一起对英国实行经济封锁。

拿破仑大陆封锁政策的实质在于夺走英国的销售市场，使英国工业品和殖民地产品无法在欧洲大陆销售，从而使英国不能再用货币手段来支持大陆上拿破仑的敌人。

拿破仑的大陆封锁政策差一点儿就成功了。因为大陆封锁切断了英国的粮食供应渠道，国内因为产量不足粮价飞涨。英国本来可以凭借海洋霸权突破封锁去美国进口粮食，可是美国在1809年同英国断绝通商，北美粮食交易中断。只要大陆封锁政策能够继续一年半载，拿破仑就可以借此获得巨大成功，通过谈判拿到优厚的条件。结果，拿破仑再次因为不懂经济规律错失良机。

1809年，拿破仑亲自解救了英国的粮食危机，允许向英国出售谷物。拿破仑以陈旧的经济论据作辩解，说是向英国出口谷物可以搜罗它的黄金。只能说，他是一个军事天才，经济学白痴。

因为大陆禁令，瑞士的棉、麻无法向英国出口。意大利的产品因为法国的贸易保护无法进入当时最大的法国市场。普鲁士和俄国在大陆禁令前依靠出口粮食和木材换回英国的商品，现在这条路也被堵死了。荷兰因为被封锁无法进行海上贸易，也遭受了巨大损害。作为欧洲霸主法国并没有试图解决这些问题。与此同时，英国海军凭借海上霸权不断袭击法国的贸易船，独占了国际市场。1810年，由于物价上涨和原料短缺，法国因为经济封锁遇到了更大的危机，财政金融开始崩溃，拿破仑不得不适当放松封锁，通过出售许可证的方式让法国船只进行对外贸易，这也宣布了大陆封锁计划的破产。

1815年大陆体系正式瓦解。把整个欧洲都拿在手里的拿破仑竟然输掉了贸易战。可以说，不懂经济规律葬送了法国的霸主地位。由此，从1688年到1815年持续127年之久的第二个英法百年战争，以法国欧洲霸权的丧失，英国海上霸权的最终确立而结束。

英德联手，削弱法国

第二次英法百年战争结束后，法国转入低潮，英国盛极一时，随即进入工业的高潮阶段。

经过了四十年休养生息，到1855年左右，法国再次确立了欧洲大陆的霸主地位。其间不断从英国挖墙脚，学习先进的工业技术。从1856年开始，法国再次开始争夺海外霸权，同英国抢殖民地。1856—1870年间，双方在印度、中东、北非持续发生冲突，法国先后占领了90多万平方公里的土地，再次成为英国的劲敌。双方关系再次剑拔弩张。

英国再次施展离岸平衡手的策略，联合普鲁士（德国的前身）对抗法国。即便普鲁士多次发动对外战争，并且吞并了英国的汉诺威领地，英国也没有表示反抗。普鲁士终于把矛头对准了法国，英国终于如愿以偿。1870年拿破仑三世宣布对普宣战，结果法国战败。割地赔款，阿尔萨斯和洛林两个工业基地被德国占据，法国还要赔偿50亿法郎。英国的策略再次奏效。

第二节　英国制衡德国失败

德国国家能力的崛起

德国是欧洲大陆上继英国、法国后第三个工业化发展的国家。德国的发展路径一样离不开贸易保护。德国经济学家弗里德里希·李斯特把后发经济体的赶超路径总结后写出了《政治经济学的国民体系》。这本书成为德国的铁血宰相俾斯麦的枕边书，他系统指导了德国的经济发展。可以总结为四点：第一，建立统一的国内市场，废除内部关税，改善交通；第二，对外征收关税，保护弱小工业，抵抗英国的竞争；第三，成立银行，为企业进行资金融通；第四，普及大众教育，加快新技术的发明和推广。我们分别来看。

第一，建立统一的国内市场。德国的统一市场是以普鲁士为中心建立的。1806年以前，今天的德国境内有38个讲德语的小邦国；5个王国：普鲁士、巴伐利亚、萨克森、汉诺威、符登堡；几十个公国、侯国。邦国、王国内部的城市仍然有不同的统治方式，包括自由城市、教会领地、贵族领地等政治实体。因此，统一的国内市场是不可能的。在所有这些王国里，普鲁士实力最强。1818年5月26日，普鲁士颁布《关税法》，宣布取消普鲁士王国境内所有关卡和60个关税区，对外实行统一关税。

李斯特本人就是关税同盟的积极倡导者。1834年，德国38个邦国中的18个主要邦国联合建立了关税同盟。1852年，德国在38个邦国中实行关税同盟。关税同盟使各地区之间的经济联系日益密切，逐渐形成了统一的德国市场[①]，同时开始具备了贸易保护主义的色彩。之后普鲁士陆续出台了《股份法》（1843）、《全德意志贸易法典》（1861）等，这些法案首先使普鲁士成了一个统一市场。1871年1月18日，普鲁士首相俾斯麦成功统一了北德意志邦联与巴伐利亚，建立了德意志帝国。

第二，对外征收关税。1836年，德国提高了一系列制成品的关税（其中锻铁关税翻了3倍，亚麻线翻了2倍）。1842年关税再次上涨。因为此时的英法早已经完成了工业革命，不进行关税保护根本无力发展资本主义工业。为了迅速追上其他国家的发展脚步，德国还进行了自上而下的土地改革和农业资本主义改革。土地改革解除了农奴和容克地主的人身依附关系；农业资本主义改革允许农民和市民获得骑士庄园，容克贵族也可以扩大地产或者在城市从事工商业活动。这项改革把封建地产制转变成了资本主义自由地产制，自由流动的农村劳动力也为工业革命提供了劳动力。容克地主积累了大量资本后开始采用资本主义的经营方式经营农场，一部分人还投资建厂。同时，德国的税制改革规定每个成年人均可依法从事商业活动，对内取消所有关卡和关税，对

[①] 马跃：《大国崛起过程中的国际贸易摩擦研究》，博士学位论文，东北财经大学，2013年。

外实行统一关税。

第三，成立银行。1853年开始，股份投资银行在德国普及开来。到1872年，日后的德国银行业巨头（德国商业银行、德累斯顿银行、德意志银行等）都已成立。这些银行开设了众多支行，把储户的资金汇聚在一起。它们与工业客户建立起长期合作关系，以经常项目透支的方式，为后者提供低利率的长期资金。这些贷款时常需要用工业资产进行抵押，同时由银行派遣代表在这些工业企业中担任董事。从1880年到第一次世界大战，这些银行为德国工业的迅猛扩张提供了资金支持。英国工业革命投资银行没有起什么太大的作用，但在德国的工业化进程中，投资银行发挥了重要作用。

第四，普及大众教育。18世纪普鲁士开始普及初等教育，其他邦国相继跟进。到19世纪中期，初等教育已基本在德国范围内普及。

这些措施有力地促进了德国的资本主义发展。从1850年至1870年，德国产业革命进入高潮，工业资本飞速增长。在这段时间，工业生产增长了一倍，年平均增长率为3.5%，煤产量从690万吨增加至3400万吨，生铁产量从21万吨增加至126.1万吨，铁路线从5856公里增至18876公里。在国民生产总值中，工业的比重从21%提高到28%，各种不同工业部门大企业的股份公司纷纷创建，在1851年至1870年期间，仅在普鲁士就创立了295个大公司，包括矿山公司、冶金公司、保险公司、铁路公司等，拥有24亿马克的资本。

1871年德意志帝国完全统一，有了坚实的工业基础，19世纪70—80年代，德国开始了跳跃式发展。

德国成为欧洲制造业中心

德国作为后发国家有一定的优势。德国工厂凭借廉价劳动力大量仿制英国名牌，仿制品的定价当然远远低于英国产品，致使英国的这些产品被德国的仿制品逼得销量下降。这种方式也被当时的德国政府所认可，甚至鼓励。德国政府公开派出了大量的工业间谍到英国学习先进技术，当时称为学习旅行。德国工业家阿尔弗雷德·克虏伯甚至也亲自到英国去学习先进的钢铁技术。

德国的这类仿冒产品质量不过关，好多产品甚至刚用就坏了，一时间世界各国对冒牌"英国产品"的抱怨越来越多。大部分英国人认为，"德国制造"就是假冒伪劣、价廉货次的代名词。英国人实在是受不了，于是英国议会在 1887 年 8 月 23 日通过了一个侮辱性的商标法条款，它规定，只要是从德国进口的产品无论什么牌子必须打上"Made in Germany"。一方面打击盗版，另一方面把它和英国的优质商品区分开来。由于英国的抵制，德国人也开始反省，对产品质量进行严格把关，产品品质也越来越好。

到了 19 世纪末，英国人也开始认识到，许多德国商品是他们日常生活中必不可少的。比如铅笔、玩具、药物、钟表、啤酒、棉布、铁器切削工具、钢琴和家具等。德国产品质量也不再存在问题，而且物有所值。1897 年，就在"德国制造"这个耻辱印记被英国人强行打在德国商品上的 10 年后，当时英国的殖民地事务部大臣约瑟夫·张伯伦（后来的英国首相张伯伦之父）在他的考察报告中——列出德国产品并加以评价：

产品	评价
服装	价格更便宜而实用
武器和子弹	价格便宜而美观
啤酒	明亮而好喝
水泥	价格更便宜，质量上乘
化学产品	科研出色，质量上乘
钟表	价格更便宜，而且充满艺术品位而引人注目
棉布	价格更便宜，外观好看
家具	价格更便宜，轻巧，供货及时
玻璃制品	价格更便宜，质量更好
钢铁制品	价格更便宜，更实用
切削刀具	价格更便宜
工具	价格更便宜，更实用，款式新颖
铁器产品	价格更便宜，质量不相上下或者更优良
羊毛产品	款式更时尚

资料来源：芮虎，《看历史》杂志，2015 年 11 月 24 日。

　　德国制造的商品已经使英国生产的类似产品相形见绌，"德国制造"这个曾经的耻辱印记摇身一变，成了人见人爱的金字招牌。德国的研发能力也在迅速崛起，以化学工业为例，19 世纪 50 年代英国率先研制出了人工合成染料，短短 30 年，德国后来者居上，英国不得不从德国进口染料，并出口其原材料给德国。即使是在第一次世界大战期间，英国也不得不用德国的染料来装扮自己的军队，而有机化学工业恰恰就是第二次工业革命的主导产业①。

---

① 邓久根、贾根良：《英国因何丧失了第二次工业革命的领先地位？》，《经济社会体制比较》，2015 年第 4 期。

伴随着德国的崛起，欧洲慢慢形成以德国为中心支柱的经济体系。德国是俄罗斯、挪威、荷兰、比利时、瑞士、意大利、奥匈帝国的最大出口对象国，是英国的第二大出口对象国。德国是俄罗斯、挪威、瑞典、丹麦、荷兰、瑞士、意大利、奥匈帝国、罗马尼亚和保加利亚最大的进口来源国，是英国、比利时和法国的第二大进口来源国。没有哪个欧洲国家对德贸易额占其贸易总额的比例少于25%。德国不仅通过贸易为这些国家提供基本必需品，而且还为其中一些国家提供资金。第一次世界大战前德国对境外的投资总计高达62.5亿美元。这样一来，莱茵河以东的所有欧洲国家都并入了德国的工业轨道。

长期追求大陆均势的英国不能容忍这一切，这次它把贸易战的枪口对准了德国。

德国开始争夺殖民地

英国一家独大的时代因为德国的迅速崛起而结束。

1870年，英国占世界工业产值的三分之一，占世界工业出口值的五分之二[1]。到1900年，英国的工业品生产已经落在了德国后面，居欧洲第二。德国在世界工业生产中的比重占16%，英国为12%[2]。德国的生铁产量从1887年的400万吨增加到1912年的1500万吨，同期英国的生铁产量只从760万吨增加到1000万

---

[1] ［苏］罗斯图诺夫：《第一次世界大战史》，上海译文出版社1984年版，第35页。

[2] 王绳祖：《国际关系史》，法律出版社2002年版，第241、207、263页。

吨①。英国在世界市场上占第一把交椅和独霸一切的时代已经成为过去。德国在国外的投资也逐渐上升，到 1914 年，其海外投资已达英国海外投资的一半②。德国经济实力的不断增强，使奉行大陆均势的英国感到不安，它认定德国是其最危险的敌人。

随着德国经济实力的增强，德国也想要海外殖民地为自己的产品找到更大的市场。1884 年德国首相俾斯麦邀请英国、法国、美国、葡萄牙、瑞典、俄罗斯、奥匈帝国等 15 个国家的代表到柏林开会，讨论如何为非洲带去"文明"。其实就是告诉大家，现在我也很厉害了，但是全世界都没有我的殖民地，这不合理！于是会议确定了一个原则"只有实际占领才证明对一个殖民地拥有统治权"。几年之内，非洲领土全被瓜分，其中有了德国的一席之地。

德国并不想止步于非洲。但是当时占领殖民地最多的是英国，德国人走到哪里都会触及英国的利益。德国于 1903 年修建通往奥斯曼帝国的巴格达铁路，这为德国开辟了一条经过奥匈、巴尔干半岛和小亚细亚直达波斯湾的通道。随着这条铁路的建成，德国在近东、中东和苏伊士运河附近获得了重要阵地。英国对此强烈不满，认为这对英国同印度之间的海陆交通构成了威胁，而且导致英国控制的苏伊士运河重要性下降。双方矛盾越来越深。

---

① ［联邦德国］弗里茨·费舍尔：《争雄世界——德意志帝国 1914—1918 年战争目标政策》，何江、李世隆等译，商务印书馆 1987 年版，第 15 、16 页。

② ［苏］罗斯图诺夫：《第一次世界大战史》，上海译文出版社 1984 年版，第 35 页。

争夺殖民地是需要本钱的，德国、英国都深知这一点，军备竞赛开始了。德国国会于1898年通过"海军法"，计划在6年内建造11艘装甲舰、5艘大型装甲巡洋舰、17艘有装甲甲板的巡洋舰和63艘驱逐舰。1900年的海军法案则把1898年的计划扩充一倍[①]。英国确立的海军原则是，自己的海军实力必须超过第二名和第三名的总和。1909年英国决定，德国每建造一艘军舰，英国就建造两艘。1900年开始，英国海军预算一直以超过德国海军预算一倍以上的速度增长。1900年德国海军预算为740万英镑，英国海军预算为2920万英镑；1910年德国为2060万英镑，英国为4040万英镑；1914年德国为2240万英镑，英国为4740万英镑[②]。英国还试图通过外交手段限制德国海军，但是遭到了拒绝。双方剑拔弩张，就差一个导火索了。

英法联手，遏制德国

英国人的战略能力的确让人佩服。除了第二次工业革命落后于德国、美国，相对实力下降之外，英国在所有的重大战略上都是成功的。第一次世界大战第二次世界大战都是战胜国，第二次世界大战后世界霸主顺利转换到美国人手中，不但没有战争，而且成功地维护了包括自己在内的欧洲大国的整体利益。面对中

---

① ［苏］罗斯图诺夫：《第一次世界大战史》，上海译文出版社1984年版，第144、145页。

② 邱建群：《试论1989年至1914年英国对海上霸权的争夺》，《辽宁大学学报（哲学社会科学版）》，1996年第3期。

国的崛起，英国又是欧洲第一个公开支持"一带一路"、亚投行等中国倡议的发达国家。

我们回到 1900 年。因为相对实力的下降，1900 年 10 月，英国新任外交部长兰斯多恩开始考虑英国海外殖民地的防御问题。不能不佩服他们的远见，当时的大英帝国还是绝对的世界强国。虽然 GDP 被美国超过，但是美国没有什么世界影响力。"1902 年 12 月英国成立了帝国防御委员会，委员会由首相和陆军部、外交部、海军部、财政部等代表组成，专门负责大英帝国的防御问题。经过研究讨论，委员会的代表一致认为，法国、德国和俄国都是英国潜在的敌人。其中德国的海军仍在蛹中，海军部对打击德国的新海军最有信心，德国暂时不足为虑。最需要谨慎防备的对手是俄国，因为英属印度是英国海外殖民帝国防御的最大弱点，与印度毗连的波斯、阿富汗和西藏，尤其是波斯最容易受到俄国的袭击。"[1] 而英国的国力无法承受在印度和俄罗斯打仗，战线太长、消耗太大，而且都是陆地战。在明白自己的处境后，英国决定和俄国达成谅解。因为之前有英日同盟的存在，英国利用日本遏制俄罗斯，现在直接和俄罗斯谈有点不好办。于是英国决定先和俄国的盟友法国达成友好协议，然后以此为台阶开启英俄谈判。

1904 年 4 月 8 日英法达成三个协定，主要是对于海外殖民地明确了各自的势力范围。一是英国让给法国西非一些土地，法国

---

[1] Keith M Wilson, *British Foreign Secretaries and Foreign Policy: from the Crimean War to the First World War*, p.163.

放弃在纽芬兰的捕鱼权；二是关于埃及和摩洛哥的声明以及所附的保密条款，实质是法国承认英国对埃及的保护权，英国承认法国对摩洛哥的特权；三是关于暹罗、马达加斯加和新赫布里底群岛的协定。

1907 年 8 月 31 日，抓住俄罗斯被英国盟友日本打败的机会，英国和俄国签订条约，双方划定两国在波斯、阿富汗、西藏的势力范围。

英国通过三国协约的方式达到了遏制德国的目的，因为只要法国、俄国保持中立，英国海军的实力可以对抗甚至消灭德国海军，但是英国无法对抗德国和俄、法中任何一个国家联手。

相比来说，德国的战略能力和英国人比差太多了。普法战争后俾斯麦担心法国报复，和奥匈帝国以及俄国结成了三帝同盟。因为俄奥之间的矛盾无法调和，德国从中选择了奥匈帝国结盟。老练的俾斯麦为了保持和沙俄的良好关系签订了《再保险条约》，德国保证除非俄罗斯主动攻击奥匈，否则德国在任何情况下都在俄罗斯与第三国的战争中保持中立。

1890 年新任德皇威廉三世任由条约到期终止而不续约。法国看到机会，趁德俄关系恶化时向俄罗斯提供资本，帮助其实现工业化，并在 1894 年与俄国结下军事同盟，是为法俄同盟。

靠协约可以维持一时的均衡，但英德矛盾的根源是经济层面的。在当时的条件下，只能通过战争解决，现在缺的只是一个战争的借口。1914 年 6 月 28 日，奥匈帝国王储斐迪南大公在萨拉热窝视察时被塞尔维亚青年枪杀，奥地利向塞尔维亚宣战。俄国认为这是插手巴尔干事务的好时机，于是宣布支持塞尔维亚。因为结盟关系的存在，俄法站在了一起。随即德国对法宣战，英国、奥斯曼、意大利等也相继加入了战斗，第一次世界大战爆发了。

1918年，第一次世界大战以德国的失败告终，英国再次实现了战略目标，通过纵横捭阖，削弱了德国，继续维持了欧洲大陆均势。第一次世界大战的爆发根源是新兴德国和老牌帝国主义国家抢夺殖民地的战争。殖民地就意味着贸易，意味着原料和商品市场。本质上第一次世界大战是英德贸易战的延续。基本上第二次世界大战以前的欧洲战争都能在贸易领域找到根源。

第三节　帝国衰落，霸权转换

错误的经济政策

英国刚刚倡导自由贸易政策时，它的工业品在全球占统治地位，这时候政策是没问题的，可是当美、法、德等竞争对手获得了比英国更强的工业能力时就应该调整政策，进行适当的贸易保护。当时，所有的欧洲国家都因为经济危机而实行贸易保护，只有英国例外。德国"1879年反对传统的低关税政策，意大利在1877年采取高保护关税政策，奥地利在1874年、俄国在1877年分别恢复保护关税，西班牙在1879年确立了新的高关税税率"[1]。1904年，欧美各国对英国制成品征收的关税率分别为：德

---

[1]　［英］H.J.哈巴库克、M.M.波斯坦：《剑桥欧洲经济史》（第6卷），
　　王春法译，经济科学出版社2002年版，第448页。

国 25%、意大利 27%、法国 34%、奥地利 35%、美国 73%、俄国 131%。[①]

自由贸易政策导致英国的工业能力持续下滑，因为这相当于所有国家都向英国出口品收税。1860—1870 年，英国工业生产增长率为 33.2%，而 1880—1890 年仅为 17.4%[②]。英国工业在世界工业中所占比重由 1870 年的 31.8% 下降到 1900 年的 19.5%，随后继续下降，被德国超过，成为世界第三（美、德、英）。德国和美国几乎在所有的领域和英国展开竞争，1895 年到 1907年，英国对欧洲市场的出口仅增长了 44%，而同期德国增长了125%，美国增长了 500%；英国对英帝国的出口增长 91%，德国对英帝国则增长 129%，美国为 359%。1913 年，英国的钢产量为 778 万吨，不到美国的四分之一，不及德国的一半[③]。1913年，英国、德国和美国的机器产量占世界机器总产量的比例分别为 12.2%、21.3% 和 51.8%[④]。

1886 年，著名政治家约瑟夫·张伯伦指出帝国的自由贸易政策如再继续下去，英国将回归到与英伦三岛的面积相称的国际地位上去。他呼吁英国放弃自由贸易政策，实行关税保护政策。但是，纠正一个巨大帝国的政策并不那么容易，大量进口原料的资本家不希望提高关税。只能等待更大的危机出现，社会舆论才可能变化。

---

① 王觉非主编：《近代英国史》，南京大学出版社 1997 年版，第 622 页。

② 王觉非主编：《近代英国史》，南京大学出版社 1997 年版，第 297 页。

③ 苏州大学历史系：《世界近代史》，浙江人民出版社 1984 年版，第 524 页。

④ 金卫星、刘大明：《世界近代史》，高等教育出版社 1996 年版，第 353 页。

重启贸易保护

第一次世界大战的阴影一直笼罩着英国。1921—1929年，英国年均工业生产增长率为1.7%，而同期的德国则高达7.1%[1]。直到1929年英国的工业产量才勉强达到1913年的水平，但传统工业部门一直未恢复到战前水平。

第一次世界大战带来的经济困境让英国政府于1915年颁布麦克纳关税法，对钟表、汽车等奢侈品增收33.3%的关税，这表示英国正式放弃自由贸易政策。1921年英国颁布了《工业保护法》，规定如果外国商品低于其生产成本的价格在英国倾销，英国政府有权征收关税。这代表着英国从自由贸易到关税保护迈出了重要的一步。

1929年，席卷资本主义世界的经济危机爆发，各国都拼命竖起关税壁垒，英国也不例外。1931年11月英国政府颁布《紧急进口税条例》，对进口品征收50%的关税。1932年3月英国通过了《进口关税法》，规定一切输入联合王国的商品，除条文中规定的免除课税的商品外，一律课以相当于商品价值10%的关税，并另征附加税，标志着英国全面放弃自由贸易政策。1932年7月，英国和自治领及自治领之间签订11个双边协议，建立帝国特惠制。这些双边协议约定英国将对来自自治领和殖民地的进口商品给予关税优待；英国限制从帝国以外的国家输入农产品，以保证帝国各自治领和殖民地农产品在英国的销售市场；英国工业品输

---

① 王丹红：《三十年代英国的绥靖政策》，《昭乌达蒙族师专学报（汉文哲学社会科学版）》1997年第2期。

往自治领和殖民地时相应享受优惠待遇；对来自英国以外国家的商品则征收高额关税。英国希望通过这些协定将英帝国结成一个经济共同体，以保护帝国不受到外来竞争的危害。《进口关税法》和帝国关税协议的实施标志着大英帝国所推行的长达80年的自由贸易政策的终结，自此英国彻底放弃自由贸易主义原则。[1]

---

[1] 马跃：《大国崛起过程中的国际贸易摩擦研究》，博士学位论文，东北财经大学，2013年。

第五章
美国的国家能力建设

回到 1776 年宣布独立之前的美国看看，这里除了家庭手工业外没有任何工业，甚至帽子都不允许生产。1770 年，查坦伯爵看到新英格兰人对工业作初步尝试时，当即声明，在殖民地区就是一只马蹄钉也是不准制造的。独立战争中，如果不是法国鼎力相助，在海上封锁增援的英国海军，在陆地直接派将军和士兵援助美国，仅凭华盛顿领导的民兵根本不是英军职业军人的对手。当然，法国的援助有削弱英国的目的，这在前面已经讲过了。

1776 年 7 月 4 日，13 个殖民地宣布独立时，美国不过是由 13 个独立小邦组成的松散联合体。1789 年联邦政府成立时，美国还是一个处于世界边缘、对国际局势没有什么影响的农业国。美国围绕"工商立国"还是"农业立国"发生过一场争论，当时的财政部长汉密尔顿主张"工业立国"，理由是工业比农业有更大的效率和产出。1791 年汉密尔顿提出了著名的《关于制造业的报告》，详细论述了通过贸易保护进行"工业立国"的措施。该报告认为，工业的发展必须依靠政府的保护和支持。一方面，相对于成熟制造业国家在技术、资金和市场上所具有的优势，刚建立制造业的国家根本难以抗衡，这意味着本国制造业很难兴起；另一方面，农业国的居民往往出于习惯或者由于条件的限制，不愿或无法兴办制造业。如果进行自由贸易，将使美国继续充当欧洲各工业强国的原料产地和工业品的销售市场。所以，自由贸易不适用于美国的现实，美国应该对尚处在成长过程中的产业给予贸易保护[1]。汉密尔顿的政策主张包括征收保护关税，禁止原材料出口，免除制造业出口关税，对制造业发放奖金和贷款，鼓励发明和引进技术，提供便利汇兑和信贷，改进国内交通设施等[2]。一旦某一产业成长起来，就取消对该产业的保护措施。

汉密尔顿的贸易保护主张并没有得到响应，《制造业报告》最终没有在国会获得通过。以国务卿杰斐逊为代表的南部种植园主出于自身的利益坚持自由贸易。他们认为应该把工业留给欧洲，美国则走商品农业的道路。这也是亚当·斯密《国富论》的核心观点！

杰斐逊入主白宫后，大力推行农业立国政策。1800年，美国的经济规模仍然远远落后于欧洲主要国家，GDP仅相当于英国的34.63%、法国的35.38%、德国的46.79%、意大利的55.68%。

---

① 褚浩：《19世纪后期美国贸易保护政策研究》，博士学位论文，复旦大学，2009年。

② "Hamilton's Report on Manufactures, 1791", in American State Paper Finances, (Washington: Gales and Seaton, 1832), I, pp. 125–127, pp.135–137. 转引自 Sidney Ratner, *The Tariff in American History*, (New York: D. Van Nostrand Company, 1972), pp.95–106。

1801 年美国的 326 家股份公司中，只有 8 家投资制造业。制造业产出占世界总产出的 0.8%。如果说这样一个国家 100 年后会成为超过英国的世界第一强国，当时没有人相信。然而，实际上不到一百年这个目标就实现了。

今天的世界贸易秩序完全是在美国的主导下设计的。美国主导下的世界，贸易问题不再直接用枪炮解决，而是开始坐下来谈判。有了世界贸易组织、联合国、国际货币基金组织等国际机构。所以，我们先用一章的篇幅探索美国崛起的秘密，然后再分析美国带来的国际贸易规则的变化。

第一节　确定保护主义国策

孤立主义植根于民族意识

早期的美国移民漂洋过海，去美国寻找发财的机会，去享受宗教自由，甚至是犯罪了逃避制裁，总之都要和过去的生活分离。这样的人群聚集在一起成为一个国家时，想当然要和欧洲大陆做切割。再加上大西洋的阻隔，这确定了美国孤立主义的总基调。

1796 年 9 月 17 日华盛顿退出政坛时发表《告别辞》指出，"美国应该与外国发展商务关系，但是却要避免与它们发生政治联系，不要与任何外国建立永久的联盟……我们通过人为的纽带把自己卷入欧洲政治的诡谲风雨是不明智的……美国独处一方，远离他国，这种地理位置允许并促使美国能推行一条独特的外交路线，使好战国家不能从美国获得好处，也不敢轻易冒险地向美国挑衅。美国因此可以在正义的指引下依照自己的利益，在和平和战争的问题上做出自己的选择"。美国这种孤立主义的思想通过美国国父传达出来更具说服力，为未来的外交政策奠定了总基调，和曾经的宗主国英国的"光荣孤立"政策一脉相承。

直到 1914 年第一次世界大战爆发，美国的外交始终坚持不与任何国家结盟，不卷入列强纷争。

世界没有伊甸园

法国大革命取得了胜利，建立了共和国。欧洲的封建君主极其恐惧，联合起来想要消灭这个新兴的政权，战争从 1792 年一直持续到 1802 年，但是没有成功。之后就是拿破仑的对外战争，一直持续到 1815 年。拿破仑摧枯拉朽，横扫欧洲，欧洲农业一片凋零。战争对资源的巨大需求和严重破坏，导致欧洲农产品和原材料严重短缺，价格攀升。远离战场的美国成为交战双方的资源后方。

美国保持中立，谁的生意都做，对外贸易迅速增长。美国进出口商品总额从 1790 年的 4400 万美元增至 1800 年的 1.6 亿美元，增长了近 4 倍。对外贸易中的航运收入从 1790 年的 590 万美元增至 1800 年的 2620 万美元，增长了 5.2 倍。美国商船载运的吨位从 1789 年的 20 万吨增加到了 1801 年的 100 万吨以上，超过了英国以外的任何国家[1]。

---

[1] ［美］福克讷：《美国经济史》（上卷），王锟译，商务印书馆 1964 年版，第 290 页。

英国认为，同自己的敌人做生意就是通敌。英国海军依靠自己的海上霸权无恶不作，肆意破坏美国与法国和法属殖民地的贸易；经常拦截扣押美国海上的商船，没收美国货物；强行拦截美国船只，登上美国商船逮捕美国船员。仅在1793—1794年间，就没收了几百艘美国商船，逮捕了大量水手。此外，英国还支持和挑动美国西面的印第安人不断侵扰美国，防止美国向西扩张；不允许美国与加勒比海一带的英国属地通商，等等。1793年11月，大英帝国发布敕令谴责任何向法国殖民地运输违禁品的船只，就连食品都算违禁品。1795年，帝国颁发秘密敕令要求帝国机构"不要对向法国运输粮食的船只过分礼貌和小心"。言下之意，不必承认这些船队的主权归属，可任意处置。美国自然要抗议，可是没有军事实力做支撑，这种抗议英国根本不会理睬。

1807年6月，停泊在美国弗吉尼亚州诺福克港口的美国军舰切萨皮克号受到了英国皇家舰队里奥帕德号的侵犯。里奥帕德号军舰在美国的大门口，向美国军舰切萨皮克号提出无理要求，要在美国军舰切萨皮克号上面搜寻英国逃亡水手。在遭到美方的拒绝后，英舰向美舰发起了攻击，美方死伤船员21名。军舰投降后，英军登上美舰，逮捕了4名曾在皇家舰队服务但是已经是美国公民的水手。其中一名英国出生的水手被判处死刑而被绞死，其他3名分别被判处500鞭刑。

此次事件激起了美国公众的愤怒。作为报复，美国国会于1807年12月通过了《禁运法案》，试图通过切断美国对英国的农产品供应来打击英国。因为1806年法国刚刚通过了大陆封锁禁令，美国这么做事半功倍。1808年美国又先后通过了第二、第三禁运法案，彻底禁止美国进口和出口，禁止美国船只在没有总统授权的情况下在外国港口停泊。

禁运让美国"自损"严重：禁运期间美国的出口额由 1.834 亿美元降到 0.2243 亿美元，进口从 1.385 亿美元降到 0.7 亿美元。贸易下滑使得航海业濒临破产，大批海员失业，北部的商人损失惨重，农产品价格不断下跌，工业消费品供应发生严重困难[1]。

但是美国的工业却在禁运期间取得了长足的发展。一方面，进口锐减使制造业产品的价格迅速上涨，投资制造业变得有利可图；另一方面，禁运带来的航海业和对外贸易的萧条，促使这些行业中的资金转移到制造业中。于是，美国制造业在禁运期间获得了空前的发展，1808 年美国只有 15 家棉纺工厂，1809 年一年就增加了 89 家，到了 1809 年，美国的棉纺工厂已经能生产 8 万个纱锭，3 年之内增长了 10 倍[2]。1810 年，制造业的生产总值达到 1.2 亿美元。1815 年，美国的毛织业和棉织业所雇佣的工人达到 10 万人，年产值超过 6000 万美元。美国工业产量不但足以供应美国国内需求，而且不久就开始向外输出。

美国国会于 1809 年 3 月撤销了《禁运法案》，颁布了新的法令，只禁止美国商人与英法两国进行贸易。1810 年 5 月 1 日，美国国会通过了《第二号梅肯法案》，恢复同英、法的贸易，但英

---

[1] 张少华：《美国早期现代化的两条道路之争》，北京大学出版社 1996 年版，第 163—164 页。

[2] Douglass North, *The Economic Growth of the United States: 1790—1860*, (New York: Norton, 1966), p.57.

法必须停止修改其封锁法令，不再拦截美国船只。没有军事实力的封锁令英国置之不理，继续拦截。于是，1811 年 3 月 2 日，麦迪逊下令禁止与英国通商。1812 年 6 月 18 日，第二次英美战争爆发，美国试图乘英国在欧洲作战的时机把英国的殖民地加拿大纳入自己的版图。但是这次战争让美国看到了自己的弱点。1812 年美国正规军不到 1 万，经过募兵到年底凑齐了 1.5 万人，海军方面全美国军舰只有 22 艘。当时的英国海军在全球有 600 艘军舰，在加拿大殖民地有 5000 正规军。按道理说，在美国家门口的陆地战，15000 对 5000，美国人应该有胜算。但是实战中却被数量处于劣势的英军打得溃不成军，节节败退。英军在美国沿海部署了 97 艘军舰，封锁了美国海岸。随着欧洲战场拿破仑战败，英国掉头来收拾美国。1814 年 8 月 24 日英国陆军攻占了华盛顿特区，并且焚烧了美国的总统官邸。1814 年 12 月 24 日，双方签订《根特条约》，美国退回原来的边界，吞并加拿大的企图落空了。

通过 1807 年禁运和 1812 年第二次英美战争，美国当权者认识到了兴办制造业和发展军力的重要性。汉密尔顿的制造业计划被提上日程，1816 年，美国关税税则发生了实质性改变，贸易保护政策真正在美国确立起来。从此美国走上了通过贸易保护发展工业的道路。

第二节　努力发展工业

关税保护

1816 年，新的关税法案出台，平均税率为 20%，其中棉织品进口税为 25%。1818 年，门罗总统在国会咨文中提出，"关税尤其应该为襁褓中的制造业和与国家独立休戚相关的行业提供保护"[①]。1824 年的关税法又大幅度提高了钢铁、铅、羊毛、大麻和棉包、麻布等一些商品的进口关税。其中棉纺织品和毛纺织品的关税由 25% 提高到 33%，羊毛的关税也由 15% 提高到 30%。1828 年，关税又大幅度提高，达到进口货物价格的 40% 以上，关税税率达到内战前最高水平。1833 年妥协关税法出台后，美国受国际上贸易自由化的影响，关税税率总体上呈下降趋势，到 1857 年，课税商品的平均税率降到了 20%，所有商品的平均税率为 16%。[②]

1861—1865 年，南北战争时期，美国又实施了高关税政策，并且在战争结束后延续了下来。战时高关税，最直接的目的是筹措战争经费，同时也保护了美国的工业。1861 年，美国通过了《莫里尔法令》，将美国进口商品的平均税率提高到 36.2%。这个法令结束了美国关税一路走低的趋势，开始了战时以及此后长达半个多世纪的高关税时期。1864 年，美国国会通过了《战争关税法》，进一步把进口平均税提高到 1865 年的 47.6% 和 1866 年的 48.3%。这一关税法案一直持续到内战结束，在此期间，美国出现了战时经济繁荣，军械军火、冶铁、毛纺织业、服装、制鞋、

① Edward Stanwood, *American Tariff Controversies in the Nineteenth Century* (vol. 1)，(Boston: Houghton Miffin, 1903)，p.201.

② 褚浩：《19 世纪后期美国贸易保护政策研究》，博士学位论文，复旦大学，2009 年。

铁路、石油等得到迅速发展，新的工厂不断建立，技术发明层出不穷。

由于意识到贸易保护主义给工业成长带来的巨大利好，贸易保护的基因在美利坚合众国这个巨人的肌体中扎下根来。从美国内战结束一直到1933年以前，无论关于自由贸易和贸易保护的争论有多么激烈，贸易保护主义者往往占据上风，贸易保护政策也因此成为这段时期的主流。

1867年3月2日，国会通过《羊毛及其织品关税法》继续提高生羊毛和毛纺织品的关税。1869年2月24日又通过了关于提高铜制品关税的法案。1875年美国关税平均税率约为50%。同时期的法国平均关税12%—15%，德国4%—6%，荷兰3%—5%，西班牙15%—20%，意大利8%—10%。一直到第一次世界大战结束，美国都是贸易保护最严重的国家，也是经济总量最大、科技创新最多的国家。

国会明确使用奖励来帮助工业发展，并制定了"互惠"条款来开拓国际市场。为了发展进口替代战略，国会扩大了幼稚工业保护的定义和使用范围。美国原来保护幼稚工业是为了保护美国国内业已存在的工业，现在则不是。新关税法为了催生马口铁工业，将相关产品的关税提高了一倍多[1]。可以说《麦金莱关税法》是内战以来美国最极端的贸易保护主义立法，标志着以高关税为特色的贸易保护政策在美国确立下来。贸易保护的对象由从前的

---

① 褚浩：《19世纪后期美国贸易保护政策研究》，博士学位论文，复旦大学，2009年。

幼稚工业转向了现在的成熟工业，保护的重点由保护国内市场转向了保护国内市场与开拓国际市场并举。"在 1887—1897 年的 10 年间，美国的关税从一个单纯保护国内的消极工具转变成为既保护美国国内市场，同时又帮助美国扩大出口的积极工具。"①

美国的贸易保护政策在 20 世纪早期得到延续。在此期间，国会不断对贸易政策进行调整，共出台了 4 部重要的关税法案。1909 年的《佩恩-艾尔德里奇关税法》，将关税税率大幅降低，但却没有从实质上触及高关税的贸易保护体制。1913 年通过的《安德伍德-西蒙斯关税法》，将美国的关税降到内战结束以后的最低点，课税商品的平均税率为 26.8%。该税法降低了 900 多种商品的关税，并扩大了免税名单，钢铁、农业机械、大部分纺织品和全部农业产品等都被列入免税范围。新税法并不是自由贸易法，当时的美国政府对自由贸易政策还是拒绝的，他们仍然保留对美国工业中等程度的保护，因此，新税法减免关税最多的主要是那些当时美国在世界上占领先地位的产品。同时，新税法授权财政部长对外国在津贴下生产的、出口到美国的商品征收惩罚性关税，这也是以后日益重要的贸易保护主义措施——反倾销的法律依据之一。1916 年，国会设立关税委员会（the Tariff Commission），又从技术环节上解决了反倾销政策的标准和依据。这个委员会有调查和决定本国和外国生产成本的职责，当外国商品以低于成本价向美国倾销时，委员会会向财政部长建议征收惩

---

① 褚浩：《19 世纪后期美国贸易保护政策研究》，博士学位论文，复旦大学，2009 年。

罚性关税。

第一次世界大战后，美国面临的国内和国际压力使美国的贸易保护势力再次抬头，于1922年出台了《福特尼-麦坎伯关税法》，大幅提高了关税。之后，贸易保护上演了最后的疯狂，面对大萧条，美国国会出台了《斯穆特-霍利关税法》，再次挑起了国际贸易保护战，该法案将20000多种进口商品的关税提升到历史最高水平，平均关税高达60%，关税税率达到20世纪最高。随后引发了其他欧洲国家接连上调税率，贸易保护主义笼罩全球，加重了危机的蔓延。

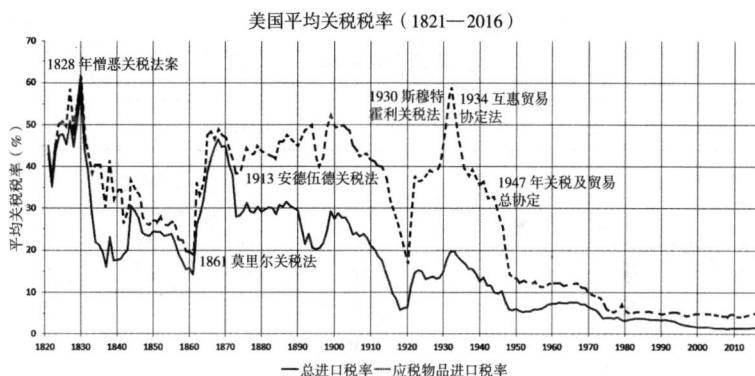

美国平均关税税率（1821—2016）

资料来源：美国商务部、美国统计局，1789-1945年的数据源于美国国际贸易协会

1821—2016年美国平均关税税率 ①

整体来说，高关税政策促进了美国工业的发展。1860年至1880年间，大部分行业的增加值增加了一倍，机器和铸造业已经成为美国的主导行业，它们所供应的机器维持和促进了工业的增

---

① https://commons.wikimedia.org/wiki/File: Average_Tariff_Rates_in_USA_（1821-2016）.png.

长。1876 年起，美国结束了进口长期大于出口的状况，开始出现贸易顺差。1894 年美国工业总产值跃居世界第一。1910 年，美国的人均 GDP 超过英国。

1937—1938 年美国走出了大萧条，在经济复苏之际，美国的实际关税税率降至 15.6%。"第二次世界大战"后美国开始主导全球秩序，工业达到鼎盛，1951 年关税已经降低到 9%，之后更是逐步下降。这时候美国就开始推销自由贸易政策了，20 世纪 80 年代末达到高潮，这个高潮的结晶就是华盛顿共识。美国的关税也降到全球最低。

平均关税税率

Country	1913	1925	1931	1952	2007[2]
Belgium	6	7	17	n.a.	5.2
France	14	9	38	19	5.2
Germany	12	15	40	16	5.2
Italy	17	16	48	724	5.2
United Kingdom	n.a.	4	17	17	5.2
United States	32	26	35	9	3.5

Source:Data for 1913，1925，1931，and 1952 are from lrwin (2002，table 5.1，p. 153)，Data for 2007 are from WTO（2008c）.

1952—2007 若干国家平均关税税率

技术引进与创新

19 世纪美国的发展主要依赖欧洲的技术，因为当时的欧洲是绝对的技术中心。比如内燃机和化学工业是德国取得的技术突破，炼钢技术是英国取得的突破，主要是贝塞麦转炉（Bessemer

Converter）和西门子平炉（Siemens Open-hearth Furnace）。即使在电力方面最初的优势也在欧洲，美国后来居上。

当时的美国企业非常善于模仿创新，英国的机车模型到达美国后一年，美国人就能开工建造。19 世纪后期美国进入"独立发明家的黄金时代"。到了 20 世纪，世界创新中心就完全转移到了美国。工业企业普遍开始建立实验室，轧棉机、缝纫机、飞机、电报机和传真机等一大批产品在美国最先发明出来并获得商业化生产。美国实用专利授权数量从 1854 年的 1759 件上升到 1867 年的 12301 件，1910 年达到 35130 件。

移民带来技术。1861—1930 年间移民在美国获 17.08 万件专利证书。移民的许多发明具有重要的战略意义。苏格兰移民亚历山大·贝尔是电话和留声机的发明者和制造者，克罗地亚的移民迈克尔·普平和尼古拉·特尔萨研制了长途电话和变压器，意大利移民曼切斯·马可尼发明并研制了无线电发报机，"冶铁之父"是威尔士移民戴维·托马斯，发明和生产摩托车的文森特·班迪克斯是瑞典移民，城市电车的发明者安德森·哈利迪是苏格兰移民。钢铁大王卡内基是英国移民。19 世纪 90 年代，东欧犹太人来到美国，东北部的纺织业再度崛起。1905 年，犹太人在纽约市经营的纺织业资产达 3.06 亿美元，雇佣工人占该市工人总数的 1/4。移民发明家在钟表、光学、造船、航空、军火、化学和医学等各个领域对美国工业化和城市化的发展起到了巨大的推动作用。

大规模流水线首先在美国产生。流水线的前提是零部件标准化，这也是美国首创。如果把 16 世纪荷兰的造船业算进去，美国则是第二次。

1798 年，惠特尼与美国政府签订了一份制造一万支步枪的合同。传统上，每支枪由一名工匠手工制造，负责每一个部件的定型、锉磨、打光、全面修整和使部件相互适合，生产进度非常缓慢。惠特尼将整枪分解成若干部分，用专门设计的机器加工制作相同的部件，最后由工人将各个部件组装到一起。这个创新又推动了以泰勒为代表的管理科学。先计算每个工人的运动量，将复杂的产品拆分成一个个标准化流程。福特 T 型车就是这种创新的顶峰。在福特 T 型车之前，手工作坊式的汽车产业每装配一辆汽车要花费 728 小时，售价 4700 美元左右；到 1924 年，福特平均每 10 秒钟就能造出一辆 T 型车，T 型车价格从 1908 年的 850 美元下降到 1916 年的 360 美元，再到 1929 年的 260 美元。

庞大的国内市场

美国广阔的国内市场为本国工业发展提供了坚实的基础。1790 年，建国之初的美国仅有人口 392.9 万人，到 1860 年美国人口达到 3000 万人，已超过大多数欧洲国家（仅次于俄国）。1864 年，联邦政府颁布《契约劳工法》，使外国契约工人入境获得法律依据，移民人数快速增加。1860—1920 年间，入境的外来移民达 2895 万，占历史上在册移民总数的 48.6%。1915 年美国人口超过 1 亿，将近一半都不是本国出生，而且移民中大部分是强壮劳动力和技术工人，他们为美国带来了欧洲工业革命后出现的新工具和新技术。

美国巨大的国内市场不仅源于人口规模，而且取决于人口的

购买力。美国国土面积广阔，收入分配更均等，而且制造业的收入水平也越来越高。人口的增长伴随着人均收入的增长，使得国内市场规模不断扩大。此外，美国几乎不存在人为的贸易壁垒，横跨美国大陆的强大交通网络贯通之后，巨大的国内市场成为一个整体。1860年，美国的铁路里程为30000英里，到1890年又修筑了140000英里，1916年总长达到250000英里。铁路运输量从1859年的26亿吨增加到1890年的800亿吨，1910年运量又增加了2400亿吨。

庞大的国内市场需求使得规模经济成为可能，许多技术创新源于欧洲，但由于美国国内市场巨大，只有在美国才可以实现规模经济。所以，同样的技术一旦被引入美国，美国的科学家和工程师就能很快开发出生产率高于欧洲的新产品和新工艺，申请新专利，开辟新的技术轨道，摇身一变成为新技术革命的领导者，并反过来占领甚至垄断技术先发国的市场。顺着这种发展趋势，美国最终超越英国，成为世界第一号工业强国。

1913年，美国在除纺织品以外的煤、生铁、钢铁和硫酸等传统工业品产量方面居世界第一。在代表最新技术水平和发展方向的领域，如汽车产量、发电量方面也居世界第一位，远远超过欧洲的主要工业国。1925年，英国和法国的汽车产量（私用车与商用车之和）分别为16.7万辆和17.7万辆，而美国1913年的汽车产量就达到48.5万辆。到1925年，美国的汽车产量达到426.6万辆，相当于同一时期英国的25.5倍、法国的24.1倍。[①]

---

① https://www.sohu.com/a/190721594_194357.

关税、技术、国内市场，这三者缺一不可，它们共同造就了美国的繁荣。

第三节　确立霸主地位

美洲霸权

美国第五任总统门罗在 1823 年 12 月 2 日的国会咨文中提出了美国对拉丁美洲的外交原则。它的核心要义是：（1）自由和独立的新世界，不再听任殖民活动渗入；（2）美国不会容忍欧洲国家向西半球任何部分扩展其政治制度，但现存的殖民地则不会受到干扰；（3）美国不容许任何欧洲国家旨在压迫和控制任何美洲国家的政府；（4）美国不干涉欧洲国家的内部事务；（5）对于本半球的种种运动，我们势必是更加直接关心的[①]。这被后世称为门罗主义。

这个宣言提出来的最初几十年没有得到任何实际应用。因为当时的国际规则是用拳头说话，没有实力作支撑，美国定的原则别人没有义务遵守。美国既没有精力阻止欧洲列强新的殖民活动，也没有向拉美进行扩张的力量。内战结束后，美国经济迅速发展，国力大大增强，门罗主义被提上日程。

19 世纪 80 年代，美国开始向欧洲列强在拉美的势力提出了全面的挑战。一方面采取各种手段排挤列强尤其是英帝国在拉美

---

① ［美］艾·巴·托马斯：《拉丁美洲史》第四册，商务印书馆 1973 年版，第 1378 页。

的势力；另一方面向拉美展开全面攻势，加强对拉美的控制和干涉。1876 年，美国插手调解阿根廷与巴拉圭的边界纠纷，1880 年调解哥伦比亚与智利的纠纷，1888 年解决墨西哥与危地马拉、智利与阿根廷、智利与秘鲁的边界纠纷。1889 年 10 月，美国政府召集包括美国在内的 18 个美洲国家在华盛顿举行第一次泛美会议。在美国国务院的倡议下，成立了"美洲共和国国际联盟"，并在华盛顿设立其代表机关"美洲各国商务局"。

1890 年，美国完成工业化，并成为名副其实的世界第一大经济体。与此同时，美国开始在美洲加紧推行门罗主义。1895 年英属圭亚那和委内瑞拉发生边界纠纷，英国派军舰封锁了委内瑞拉港口，美国乘机干预，迫使英国同意成立仲裁法庭，确定两国边界。3 年后又发生了由于古巴问题而引起的美西战争，战争的结果是美国占领了波多黎各，把古巴列为美国的保护国，大大加强了美国在加勒比海地区的地位。

美西战争结束后，美国在拉美交替推行西奥多·罗斯福制定的"大棒政策"和"金元外交"战略。罗斯福在上任之初就宣布："门罗主义的原则是不许美洲以外的强国在格兰德河以南动手，美国有道义上的责任，用实力迫使那些顽抗的共和国就范。"[1] 1903 年，罗斯福参与策划并劝美国海军支持巴拿马政变，强占了巴拿马运河区，控制了西半球的交通要道。1904 年，美国出动军舰迫使多米尼加共和国将关税交给美国管理。1904 年 12 月，罗斯福再次重申："在西半球，美国奉行门罗主义，这一点可

---

① ［美］贝利：《美国人民外交史》，纽约，1940 年，第 648 页。

能迫使美国即使不情愿，也行使一种国际警察权力。"[①]

"金元外交"是通过鼓励和支持银行家扩大海外投资，以实现向外扩张的外交政策。这一外交政策是塔夫脱执政时期开始执行的，目的是满足美国垄断资本向外扩张的需要。这一政策通过附有苛刻条件的贷款和投资等方式输出资本、控制拉美各国的财政监督权并掌握其经济命脉。到第一次世界大战前夕，美国对拉美贸易总额已超过英国，居于首位。

世界霸权

第一次世界大战爆发后，美国宣布中立，美国政府鼓励企业和双方做生意。由于协约国仍然有制海权，所以，德国的生意较少。"美国与协约国的贸易额从 1914 年的 8.25 亿跃增至 1916 年的 32.14 亿美元。"[②]美国经济空前繁荣。从 1914 年到 1917 年，军火出口从 600 万美元增加到 8 亿多美元，化学产品、染料、药材等产品的出口由 2200 万美元增加到 1.81 亿美元，钢铁的出口从 2.51 亿美元增加到 11 亿美元以上，肉类出口由 1.43 亿美元增至 3.53 亿美元，小麦和面粉的出口由 8800 万美元增加到 3 亿美元。大战期间美国百万富翁增加了 1700 人。

1917 年美国的外贸顺差达 35 亿美元，对外贸易的收益在 45

---

① ［美］加迪斯·史密斯：《门罗主义的遗产》，《世界知识》，1985 年第 10 期。

② William E.Leuchtenburg, *The Perils of Prosperity, 1914-32*, Chicago & London: The University of Chicago Press, 1958, p.17.

亿—50亿美元，它抵消了美国在战前的所有债务。到1917年4月1日，协约国的战争贷款已经增加到了43亿美元。这其实也把美国绑架到了协约国一方。

大量的订单让美国的工业空前繁荣。美国政府将造船业放在优先发展的重要位置[1]。"造船业的雇佣人数从1917年10月的9万人到1925年10月的37.5万人"[2]"国会拨出75万美元解决工人的住房问题，10多万美元解决工人的交通工具问题，3亿美元去培训35万名造船专业技术人才和130名专业管理人才"[3]。后来美国宣布参战后，海军部和新成立的美国造船委员会达成了一个大规模扩大军用和商业舰艇的计划。美国船只的吨位数从1916年的52.5万吨增加到1918年的130万吨。其他各项工业如汽车、铁路、钢材、化工等都取得了巨大的发展。1914年美国国民生产总值是363亿美元，到1919年已上升到752亿美元[4]。

美国的参战注定了德国的失败。美国跨大西洋军队投放能

① George Soule, *Prosperity Decade from War to Depression*: *1917—1929*, New York: Holt, Rinehart and Winston, 1962, p.55.

② Jeffrey Haydu, "No Chance in Existing Standards? Production, Employee Representation and Government Policy in the United States, 1917—1919", *Journal of Society History*, vol.25, Fall 1994, p.53.

③ John Maurice Clark, "The Costs of the World War to the American people", New York: *Reprints of Economic Classics*, 1970, p.43.

④ Paul Studenski and Herman E.Kroos, *Financial History of the United State*, New York: McGraw-Hill Book Company, Inc., 1952, p.301.

力和工业生产能力让欧洲震惊。强大的经济力量完全改变了协约国与同盟国的力量对比，促成同盟国战斗意志的崩溃。美国参战之前，协约国在世界制造业产量中的比重为27.9%，与同盟国的19.2%相比并不具有压倒性优势。而在俄国退出协约国、美国加入协约国后，协约国在世界制造业产量中的比重增加至51.7%，是同盟国的2.7倍。

通过第一次世界大战，美国从负债国变成了债权国。"到美国1917年4月参战之际，美国已收回大约14亿美元的债券。"[1] 美国财政部成了协约国和同盟国的债主，拥有协约国10亿美元的债权。1918年，也就是第一次世界大战结束之年，美国的GDP总量比英、德、法三国的总和还要多。

1929年资本主义世界爆发了最严重的经济危机，这次危机和以前最大的不同是，它首先从美国开始。原因是第一次世界大战导致美国的制造业大幅增长，"新厂房和新设备的费用从1915年的6亿增长到1918年的25亿"[2]。战后，这些工厂都转为和平时期的工业生产。一方面这让美国持续繁荣，另一方面也造成了资本主义世界严重的产能过剩。再加上欧洲恢复和平以后的产能释放，所以才有了史无前例的大萧条。大萧条导致了极端民族主义、法西斯主义盛行，更大的战争正在酝酿。

---

[1] David M.Kennedy, *Over Here: the First World War and American's Society*, New York: Oxford University Press, 1980, p.301.

[2] Paul A.Samuelson and Everett E.Hagen, *After the War, 1918—1920*, Washington: National Resources Planning Board, 1943, p.29.

第六章
新霸主诞生

1776 年美国建立了世界上第一个完整共和政体下的总统制国家，三权分立和选举政治让美国的政治稳定力冠绝全球。经过短暂的争论后美国学习了英国的贸易保护政策，大力发展制造业，在短短 100 年内就从一个几乎没有制造业的纯农业国变成全球最大的工业国。在科技创新方面，19 世纪 60 年代美国和德国一起引领了第二次工业革命，第二次世界大战后美国凭一己之力引爆了第三次工业革命，至今仍在高科技领域引领世界。正是凭借政治、经济、科技实力，美国取代英国成为世界新霸主。

第一节　建立国际新秩序

1920 年，美国参议院对国际联盟盟约最后一次表决的结果是 49：35，否决了美国加入国际联盟的申请。美国没有加入自己组织成立的国际联盟。

1941 年日本偷袭珍珠港，宣布了美国孤立主义国策的破产，因为保持中立无法使美国远离战争。第二次世界大战后，美国国内开始反思，当初美国拒绝加入国联是不是一个政治错误。甚至有人认为这间接导致了 20 世纪 30 年代极权主义的兴起和第二次世界大战的爆发。1945 年 7 月 28 日，美国参议院表决《联合国宪章》的投票结果是 89：2。由此可见，美国人的观念发生了重大变化。

1945 年 12 月 19 日，杜鲁门的特别咨文中明确提出："不论我们是否愿意，我们大家都必须承认，我们赢得的胜利已经把领导世界的持续重担放到了美国人民身上。世界未来的和平在很大程度上取决于美国是否表现出真正有决心继续在国家间发挥领导作用。"[1]《时代》周刊引用丘吉尔的话说："在这一时刻，美国站在世界的顶峰。"[2] 无论从军事实力还是从经济实力看，都是如此。大战结束时的美国海军已所向无敌，完全具备了在全球任何地点主动进攻的能力，"可以去地球上任何想去的海洋任意航行"[3]。美国已成为名副其实的世界海权霸主。

同时美国也成为绝对的经济霸主，1937 年，美国的工业生产占资本主义世界工业生产总额的 42％，黄金储备占 50.5％。战后的 1948 年，美国工业生产上升到占 53.4％，黄金储备占

---

[1] https://www.presidency.ucsb.edu/documents/special-message-the-congress-recommending-the-establishment-department-national-defense.

[2] "Days to Come", *Times*, Vol.46, No.9, August 27, 1945, p.19.

[3] Lisle A. Rose, *Power at Sea, Volume 2: The Breaking Storm, 1919-1945*, Columbia, Missouri: University of Missouri Press, 2007, p.422.

74.5%。[1] 这时候，美国也开始着手建立新的国际秩序。

金融秩序

1944 年 7 月 1 日到 21 日，在战争即将取得胜利之际，44 个第二次世界大战同盟国 730 名代表在美国新罕布什尔州布雷顿森林华盛顿山宾馆召开国际货币金融会议。会议通过了《联合国货币金融协议最后决议书》、《国际货币基金组织协定》和《国际复兴开发银行协定》，总称《布雷顿森林协定》。

这次会议建立了支撑整个战后国际金融和货币秩序的布雷顿森林体系，该体系以国际货币基金组织和国际复兴开发银行为两大实际载体和支柱。国际货币基金组织规定，美元同黄金挂钩，各国货币以固定汇率的方式同美元挂钩。各国确认以 1934 年 1 月美国规定的 35 美元 / 盎司的价格自由兑换黄金。同时，布雷顿森林体系还规定，各国货币兑美元的汇率，一般只能在法定汇率上下 1% 的幅度内波动。若市场汇率超过法定波动幅度，各国政府有义务在外汇市场上进行干预，以维持汇率稳定。

鉴于金融在经济中的特殊地位，布雷顿森林体系是战后国际经济制度中最重要的一个。美国财政部长亨利·摩根索在闭幕词中宣布：这次会议标志着经济民族主义的死亡。[2]

当时全世界 74.5% 的黄金都在美国，通过这样的协定是大家都认同的。美元承担了国际货币的功能。这个制度一直维持到

---

① 钱俊瑞主编：《世界经济概论》上册，人民出版社 1983 年版，第 310 页。

② 张敏谦：《美国对外经济战略》，世界知识出版社 2001 年版，第 55 页。

1973年宣告结束。原因是战后20世纪五六十年代，欧洲经济复苏，他们认为固定汇率对自己国家不利，于是纷纷从美国换回黄金。再加上六七十年代美国自身爆发多次金融危机，并于1971年12月开始拒绝兑换黄金，1973年2月，美元进一步贬值，世界各主要货币由于受投机商冲击被迫实行浮动汇率制度，布雷顿森林体系至此完全崩溃。但是世界银行和国际货币基金组织依旧保留了下来，至今仍在发挥作用。

不能因为这个系统崩溃了而否定它存在的价值，因为这既是固定汇率制度本身的问题，也是黄金已经不适宜继续做货币的问题。这个金融系统维持了世界经济的稳定运行，弥补了黄金的不足。如今，浮动汇率已经被全世界所接受。

贸易秩序

第二次世界大战后美国开始推行自由贸易政策，根本原因是美国的工业能力独步全球，没有对手，无须保护。"西方主流经济学普遍把20世纪30年代的大萧条当成'二战'的原因，而大萧条之所以如此剧烈和美国的贸易保护政策密不可分，美国的贸易保护导致各个西欧国家也都进行关税战，最终世界经济普遍受损，大家一起遭殃，所以美国要提倡自由贸易。"[①]

在1944年《布雷顿森林协定》的框架下，加上国际货币基

---

① 经济危机爆发的原因不是贸易保护或者自由贸易，而是资本主义生产方式一定会造成产能过剩和贫富分化，这是经济危机周期性爆发的原因，也是马克思早已证明了的经典理论。

金组织和国际复兴开发银行的协助，23 个国家在 1947 年签订了《关税和贸易总协定》。这是全世界第一个多边贸易协定。美国带头将关税削减到 1913 年《安德伍德关税法》的水平，从而走出了多边贸易自由化的第一步。通过这次多边谈判，各国所达成的关税削减项目达 5 万多个，占世界贸易总类的一半，平均削减了 35% 的关税。

年份	谈判国家数量	特别政策
1948	23	—
1949	13	—
1951	38	—
1956	26	—
1962	26	降低关税
1967	62	全面性减税，反倾销
1979	102	降低免关税门槛
1994	125	建立世界贸易组织

目前的世界贸易组织就是"关税和贸易总协定"演化而来，已经成为全世界最重要的贸易组织，有 164 个成员，被称为"经济联合国"。

政治秩序

1942 年 1 月 1 日，共同对抗法西斯集权主义的 26 个国家在美国首都华盛顿签署了《联合国家宣言》，1945 年 4 月 25 日 50 多个国家共同起草了《联合国宪章》。1945 年 10 月 24 日，当时的安理会五大常任理事国及其他 46 个签署国共同批准了《联合国宪章》，宣告联合国成立。这个机构完全是因为第二次世界大战而成立的，所以常任理事国中至今没有德国、日本这些法西斯国家。

联合国的出现让全世界有了一个可以共同讨论问题的空间，有除了战争之外的第二个选择。不可否认联合国有着很多问题，尤其是冷战期间美苏对峙，经常导致联合国陷入瘫痪。但是反过来想，如果没有联合国，冷战上升为热战的可能性是不是会大大增加呢？联合国成立以后，世界再也没有出现过像第一次世界大战、第二次世界大战这种世界性的大战。很多地区性问题，在不涉及美苏利益时可以得到相对公正的处置，不再是纯粹靠拳头说话。

1947 年联合国通过决议同意巴勒斯坦分治，成立以色列国。1956 年联合国成立第一支维和部队，冷战结束后联合国维和部队显著扩展。调停萨尔瓦多内战，进行纳米比亚维和，监督南非种族隔离和柬埔寨红色高棉统治之后的民主选举等。

美国霸权的实现方式

世界银行一直在美国的绝对控制之下。1946 年，美国在世界银行的投票权比例为 36%，于是世界银行的章程规定，必须有 65% 的赞成票才能修改章程或通过重大决议，这意味着美国拥有否决权。随着其他国家交钱获得的份额越来越多，美国的份额减少，于是它修改章程。变成了重大政策提案必须得到 85% 的股份支持才能通过，而美国此时有 17.37% 的投票权，拥有唯一的一票否决权。2010 年改革，美国股份降到 15.85%，但依旧牢牢控制着否决权。所以 1945 年以来 12 任世行行长均由美国提名。

国际货币基金组织的总裁一直由欧洲人担任，这是欧美之间的"君子协定"。但是，美国一样拥有重大事项否决权。所有改革和重大事项都要 85% 的投票权支持，美国目前的投票权是 16.7%。

海牙国际法庭，美国没有否决权，所以它直接退出了。1979年尼加拉瓜左翼的桑迪诺民族解放阵线发动革命，推翻了美国支持的索摩查政权。美国心怀不满，背地里支持索摩查势力，提供武器、装备。尼加拉瓜在联合国维权无门，于是去联合国下属机构海牙国际法庭起诉美国。国际法庭受理了尼加拉瓜的申诉，美国知道自己理亏，只要调查下去国际法庭肯定会作出不利于美国的裁决。1985 年 1 月 18 日，美国宣布退出海牙国际法庭，至今也没有回去，并且继续直接给尼加拉瓜反政府武装提供武器支持。1986 年 6 月 27 日，国际法庭拿出长达 291 条的判决书部分支持了尼加拉瓜方面的申诉，总体裁决对美国是不利的。美国则置之不理。1987 年 8 月 5 日，美国总统里根公开表示，他和国会领导人一致认定，除非尼加拉瓜政府实行"民主改革"，否则美国将一如既往地向反政府武装提供"各种支持"。

世界贸易组织（WTO）不受美国控制，实行的是协商一致原则，所以美国从特朗普时代开始就另起炉灶，通过签订各种双边协议绕过 WTO。同时，阻挠 WTO 的中枢——上诉机构大法官的甄选程序，试图使 WTO 这一重要的经济组织瘫痪。特朗普扬言，如果 WTO 不改变对待美国的方式，便会退出该组织。

美国的霸权基本上是通过上述的国际机构行使的。这个世界依旧是霸权主义的世界，但是相比较之前英国主导国际秩序时——世界各国直接通过战争解决各种争端，进而引发第一次世界大战、第二次世界大战，美国通过国际机构行使霸权已经是巨大进步了，至少人民受的伤害要相对小一些。

第二节　马歇尔计划取得双赢

美国输出过剩产能

第二次世界大战后，欧洲百废待兴。与此同时，美国数百万士兵解甲归田，生产能力再次严重过剩。如果任由经济自由发展，那么 1929 年那种大萧条很可能再次出现。1947 年 4 月 28 日，美国负责经济事务的副国务卿威廉·克莱顿从欧洲考察后得出结论，欧洲经济形势很糟糕，美国出口也一定会下跌，进而导致美国的萧条。在著名的《5 月备忘录》中，克莱顿陈述了欧洲危机对美国可能造成的影响："如果美国不尽快（向欧洲）提供大量援助，经济、社会和政治崩溃将压垮欧洲。这一局面除了对世界未来和平与安全具有可怕的含义之外，它对我国经济的直接影响也将是灾难性的。我国过剩产品将失去市场，失业、经济萧条以及由于欧洲欠美国大量战争债造成美国预算严重不平衡也会接踵而至。"[1] "如果这一问题得不到矫正，不仅欧洲将在 1948 年初面

---

① U.S. Department of State,*Foreign Relations of the United States（FRUS）*, 1947, Vol. III, p.231, Washington: Government Printing Office, 1972.

临更大的经济、政治和社会衰变，美国也将面临出口锐减和过剩物资积压，从而导致美国经济萧条。"[①]

美国政府必须想办法为这些过剩产能找到世界市场，所以决定援助欧洲。一方面可以解决转业军人的工作问题，因为1946年3月美国的失业人数已经达到270万（战争期间失业人数只有60万）。1946年5月美国铁路工人大罢工，就业问题成为巨大的不稳定因素。美国为了维护经济企业生产和工人就业，必须保证美国的出口额在16亿美元这个数值上。但是，其他国家只能用8亿美元购买美国产品，如果这种情况一直持续发展下去，那么其他国家将没有能力继续购买美国的商品和服务。[②]

1947年6月5日，国务卿马歇尔在哈佛大学的演讲中正式提出了马歇尔计划，又称欧洲复兴计划，对西欧各国进行经济援助、协助重建。1947年6月22日，白宫发表了杜鲁门的声明："美国正在或可能向外国提供的援助，对我国国内经济的影响是每一个美国人严重关切的事情。因为这种援助，美国商人、农民和工人会从大量出口中获得实惠。"[③]

马歇尔计划整整持续了4年。在这段时期内，西欧各国通过参加欧洲经济合作组织（OEED），总共接受了美国包括金融、技术、设备等各种形式的援助合计131.5亿美元，其中90%是

① U.S. Department of State,*Foreign Relations of the United States（FRUS）*, 1947, Vol. III, p.231, Washington: Government Printing Office, 1972.

② FRUS, 1947, Vol. III, p.210.

③ U. S. Department of State, *Foreign Relations of the United States（FRUS）*, 1947, Vol. III, pp.264-265, Washington: Government Printing Office, 1972.

赠予。[①] 这些援助不是无条件的，美国和这些受援国签订各种双边协议，牢牢地把它们攥在了自己的手里。譬如由美国监督受援国的重工业，受援国放弃工业国有化政策，保障美国投资的安全，实施有利于美国的外汇和外贸政策，"美援"物资的 50% 必须由美国船只运输等。所以，马歇尔计划的本质是，以贷款援助为手段，把整个欧洲经济嫁接在美国身上，保证美国继续繁荣。

美国的援助产生了立竿见影的效果。欧洲的国民生产总值从 1947 年的 1196 亿美元上升到 1951 年的 1588 亿美元，增长 32.5%。西欧各国工业产量比 1938 年增加了 40%，农业产量比战前提高 10%，经济逐步从战时的混乱中恢复正常。1952 年基本恢复到了战前的水平。

"马歇尔计划"大大增加了美国的商品和资本输出。商品支出不用多说，西欧三分之二的进口与物资都来自美国。更重要的是通过马歇尔计划进行的资本输出。美国与西欧签订的双边协议削弱了西欧国家的贸易壁垒，取消了大部分贸易限额，国内的过剩产能得到充分释放。

"马歇尔计划"实施后美国经济再次上升。1947—1960 年间，GDP 年均增速保持在 3.4%，人均 GDP 从 1734 美元激增至 3006 美元，而同期美国的人口增长了 69%。"马歇尔计划"实施期间美国商品对西欧市场的占有率逐年攀升，1948 年为 36.3%，1949 年增长为 62.7%，1950 年达到 73.2%。西欧各个受援国成为美国过剩产品的倾销地，美国获得了逐步消化过剩产能、调整经济结构的

---

① 朱明权：《当代国际关系史》，复旦大学出版社 2013 年版，第 25 页。

宝贵时机，避免了因为畸形的"战时经济"在战后可能出现的萧条，为第二次世界大战后美国经济的再次腾飞摆脱了负担，清理了障碍[①]。1950年1月，美国联邦储备委员会理事会发布的《公报》称："1949年上半年，抑制美国工业生产下滑的因素之一，是根据欧洲复兴计划而扩大了对西欧的出口。"[②] 经济合作署副署长小理查德·比斯尔也承认："在这一年（1949年）夏天的转折关头，如果没有马歇尔计划，1949年下半年美国经济的复苏就不可能出现。"[③]

第二次世界大战后出台的马歇尔计划对全球来说都具有重要的意义。对于美国来讲，马歇尔计划的推行使美国从经济上遏制了苏联经济模式在西欧扩张的企图，为美国最后赢得冷战提供了经济保障。美国也在这一过程中建立起了自己的世界霸主地位。1947年美国的出口占资本主义世界出口额的32.5%，1948年工业生产占资本主义世界工业生产的56.4%，对外投资也已明显超过英国。强大的经济优势使美国成为超级大国。

扶持欧洲对抗苏联

第二次世界大战后，西欧严重的经济困境导致工人运动高

---

① Kolko G, *The Politics of War: The World and United States Foreign Policy, 1943–1945*, New York: Random House, 1970, pp.256–258.

② U. S. Federal Reserve Board, Bulletin, Washington, January 1950, p.8.

③ 转引自王新谦：《从马歇尔计划看美国的实用主义本质》，《河南大学学报（社会科学版）》，2006年第3期。

涨，美国对此非常警惕。1947年5月的《凯南备忘录》指出，共产主义正在利用西欧的困境，共产主义在欧洲的胜利将会进一步威胁美国的安全。[①] 所以马歇尔援助的第一批物资交给了希腊和土耳其，而不是美国的传统盟友英法。原因是，希腊和土耳其是共产主义扩展的前线，英国一直为这两国的反共力量提供各种支持。但是战后英国实在没有这个能力了，所以它请求美国接棒继续援助，防止共产主义力量发展到欧洲。与此同时，捷克斯洛伐克、法国、意大利的共产主义力量也在持续发酵，共产党成为很多国家议会的第一大党。

　　1947年6月24日，苏联科学院院士瓦尔加写了一份分析马歇尔计划的文件，他说："马歇尔计划首先是缓解迫在眉睫的经济危机的工具，在美国没有谁怀疑经济危机正在来临……这样，为了自己的利益，美国将会提供比他们迄今为止已经提供的更多的贷款以便为本国的剩余产品找到出路，即使事先知道这部分贷款永远得不到偿还……在这种背景下，马歇尔计划的目的就在于：如果为了自身的利益，美国必须以贷款的形式向国外没有偿还能力的债务国提供价值数十亿美元的美国产品的话，那么就必须从中获取最大的政治利益。"[②] 苏联驻美大使诺维科夫6月24日指出，马歇尔计划的目的是建立反对苏联的西欧集团。这两个人的报告都在6月24日送到了外交部长莫洛托夫的手上。从当时的条件看，这个分析是很正确的。因为援助计划并非针对所有国

---

① *FRUS*, 1947, Vol, VIII, pp.223-225.

② 俄罗斯联邦对外政策档案馆，全宗6，目录9，卷夹18，卷宗213，第2—4页。

家，英法两国大使明确告诉美国驻法大使卡佛利："他们希望苏联拒绝合作，在任何情况下他们都准备勇往直前，即使遭到苏联的拒绝。"① 美国副国务卿克莱顿说："如果计划的实施从作为某种核心的西欧开始，美国政府会感到满意。"实际上就是排斥苏联。而且在此之前杜鲁门的国情咨文早就明确提出会干涉希腊、土耳其的内政，反对共产主义扩张，包括对蒋介石政府的支持都是反对苏联的直接表现。

6 月 27 日巴黎外长会议上，美国提出先要查明欧洲各国的经济资源、财政状况等，成立一个指导委员会制订统一用的欧洲复兴计划，规定每个国家应该得到的援助份额。苏联认为这意味着受援国将失去经济主权，处于被监督的位置。苏联的建议是成立一个委员会，各国申请它们需要的援助数量，确定美国援助的幅度②。所以，马歇尔计划的本质是欧洲控制权的问题。从后来曝光的文件看，英美之间已经私下就马歇尔计划达成了对抗苏联的总基调。"马歇尔计划是走向冷战的最后一步。"③

① 《美国对外政策文件集》，1947 年，第三卷，华盛顿，第 260 页。

② ［苏］A.C.阿尼金等编：《外交史》第五卷（上册），生活·读书·新知三联书店 1983 年版，第 307、308 页。

③ ［美］斯塔夫里阿诺斯：《全球通史：从史前史到 21 世纪》（第 7 版）（下册）董书慧等译，北京大学出版社 2005 年版，第 750 页。

④ 俄罗斯联邦总统档案馆，全宗 3，目录 63，卷宗 270，第 59、60 页。

1. 英美同意，马歇尔计划应被视为欧洲复兴计划，而不是对欧洲的援助，它不应当是联合国善后救济总署的延续。

2. 英美同意，欧洲的复兴可以通过建立煤炭、钢铁、运输、农业和食品等一系列职能委员会的方法来实现，由其中的一个主要委员会来领导……

3. 为实施马歇尔计划而建立的任何组织均在联合国范围之外。对此的解释就是因为德国不是联合国成员国。

4. 英美认为，德国仍然是欧洲经济的关键。因此，德国事实上是任何一种复兴（欧洲）大陆计划的基础之一。

5. ……英美将反对从现有产品中向苏联支付赔偿。

苏联看懂了美国的意图，但是作出了错误的决策。苏联选择直接退出，而不是留在马歇尔计划内。随后苏联成立了莫洛托夫计划对抗马歇尔计划。

莫洛托夫计划拉开贸易战的序幕

苏联拒绝美国的马歇尔计划后推出了替代计划——莫洛托夫计划，这代表着美苏贸易战拉开了序幕。

1947年7月10日，苏联同保加利亚签订了货物交换和支付协定，苏联政府向保加利亚政府提供500万美元商品贷款。7月15日苏联和匈牙利签订供货和支付协定，还签订了苏匈贸易和航行条约，两国相互给予最惠国待遇。1947年7月，阿尔巴尼亚党政代表团访问苏联，苏联同阿尔巴尼亚签订了一项经济协定，给予后者 600 万美元的贷款以供其购买轻工业、林业和农业机器。1947 年 8 月 4 日，签订了苏波相互提供货物的贸易协定。根据协定，苏联将向波兰提供大量的棉花、铁矿和锰矿石、石油产品等，波兰则向苏联提供焦炭、纺织品等。12 月 11 日，苏捷两国签订贸易和航运协定、科技合作协定，相互给予最惠国待遇。1948 年 1 月 26 日，苏波两国又签订了为期 5 年的贸易协定，规定双方的贸易量将在未来 5 年内达到 5 亿美元。而在此前的 3 月，苏联已经向波兰提供了一笔为期 10 年的总数为 2800 万美元的贷款。8 月 25 日和 26 日，苏联又分别同南斯拉夫和罗马尼亚签订了贸易协定[①]。

通过上述协定，苏联"把以前流向西欧或苏联势力范围之外的大宗贸易转向了东欧"。1946—1947 年，美国、英国、法国等资本主义国家同波兰、保加利亚、匈牙利、罗马尼亚的贸易急剧下降。世界形成两大阵营。

莫洛托夫计划后来扩展为经济互助委员会。东欧剧变、苏联解体后，经济互助委员会（以下简称"经互会"）于 1991 年 6 月 28 日宣布解散。经互会从成立到解散之前是世界上贸易额仅次于欧共体的区域性经济组织，对经互会各国之间的经济交流也起到较大的促进作用。马歇尔计划则演变为欧洲经济共同体，也就是今天欧盟的前身。

---

① 王旭隆：《浅析冷战时期苏联在对外援助中的得失》，《才智》2015 年第 26 期。

第七章
美苏国家能力的较量

第一节　美国展开贸易禁运（1947—1980）

贸易禁运被石油危机打破

1947 年 12 月 17 日，美国国家安全委员会决定，禁止向苏联及其他社会主义国家出口可以增长军事潜力的物资。1949 年 2 月，美国通过战后第一部《出口管制法》，把贸易战以立法的形式确定下来。这部法律规定任何有军事意义或者有助于增强社会主义国家军事和经济潜力的产品都被列入禁运范围。

为了防止其他资本主义国家抵制美国的禁运政策。在美国的主导下，1949 年 11 月，美英法荷意比卢 7 国达成协议，成立"对共产党国家出口管制统筹委员会"。目的很明确，对社会主义国家进行严格的贸易管制。并且制定了三类清单，一类清单属于完全禁运项目，二类清单属于数量控制项目，三类清单属于备案项目，但是出口国必须追踪产品的用途。

广泛的贸易禁运并没有产生美国预想的效果，既没有抑制经济增长也没有妨碍苏联的外交政策。因为随着 20 世纪 50 年代西欧各国重建完成，经济得到一定恢复，外交及贸易自主性也有所提升，西欧盟国越来越反对当美国的棋子。苏联的对外贸易，尤其是对西欧的贸易已有所增长。

20世纪70年代石油危机爆发，OPEC对欧美石油禁运，苏联原油增产正好补充这个份额。美国从原油净出口国变为进口国，所以美国自己的企业也按捺不住同苏联做生意，购买苏联原油。苏联跃升为世界第二大产油国，经济规模迅速上升。美国政府开始利用巴统"例外程序"扩大出口物资。1975年美苏之间达成600万—800万吨/年规模的农产品贸易协定，美国出售给苏联的全部产品销售总额达2.19亿美元。

1976年2月，美国国防部国防科学局研究小组将计算机网络技术、大型计算机系统技术、软件技术、特殊材料技术等15种技术列为禁运范围（后来美国又将集成电路制造设备、工作母机、电子复合硅、激光装置增补列入对苏联的禁运清单）。除此以外，其他产品都可以自由贸易，禁运政策基本失败。这种贸易关系一直维系到1979年年底。

苏联对外扩张

随着苏联经济实力的增强，对外扩张的步伐越来越快。1976年，苏联通过古巴派遣大批部队介入安哥拉的边界冲突。1978年6月，苏联策划了南也门的军事政变，支持亲苏的伊斯梅尔上台。1978年12月，苏联支持越南发动了侵略柬埔寨的战争，后又支持越南排华反华。1978年，苏联的军费开支为世界第一，得到苏联军事援助的国家高达36个。

1979 年 12 月，直接出兵阿富汗，美苏争霸进入高潮。美国随即展开了对苏联的全面贸易战。美国分别在高端技术、农产品、军事设备、电子、通信、化工、机械、自动化设备等领域对苏联实行禁止贸易、出口配额、中止投资等严厉政策以阻止苏联在广泛领域的技术进步与实力提升，还要求第三方国家对苏联相关领域的出口必须经过美国的许可。一系列制裁措施起到了明显的作用，苏联经济实力大幅下降。苏联为了维持一定水平的军事开支，不得不牺牲国内各部门经济的发展，使经济困难日益加剧，争霸能力也因此逐步削弱[1]。

1980 年，美国国防部要求对苏贸易申请许可证的项目是 2250 项，1987 年增加到 104320 个，基本断绝了除粮食以外的对苏贸易。

第二节　美苏天然气管道之战（1981—1982）

美国确定贸易战方针

1981 年里根总统上台，他对苏联政府发动了新一轮的贸易遏制，试图阻挠苏联正在进行的天然气管道建设项目。一方面他禁止美国公司向苏联提供技术设备和贷款，另一方面直接阻挠西欧各国参与。但是欧洲各国对天然气有实际需求，尤其是 1973 年和 1979 年两次石油危机以后，西欧各国迫切需要减轻对 OPEC

---

[1] 李文增：《对美国发动的主要贸易战之回顾与现实思考》，《世界文化》2018 年第 9 期。

的石油依赖，需要能源多元化。而且参与苏联大规模的天然气开发还有助于增加相关的设备出口和就业，刺激国内疲软的经济，这对当时处于萧条之中的西欧各国是非常重要的。所以大家对美国的呼吁反应冷淡。

1981年12月13日，苏联和波兰发生冲突，美国决定借此实施一系列经济制裁，"包括暂停苏联民用航空总局到美国的航班，关闭苏联在美国的购买委员会，暂停所有对苏技术出口许可，暂停新的长期粮食协议谈判和海军谈判，禁止将有关石油和天然气的运输、开发、生产和提炼的设备和技术出口或再出口到苏联，并暂停这些技术和设备的所有出口许可等"[①]。看到美国动真格了，美国的西欧盟友们对苏联进行了口头谴责，但是仍旧不同意像美国一样中断贸易。

1982年6月七国会议上，里根再次强调要求西欧中断对苏联贸易，削减对苏经费。大家和以前一样，只是口头支持，但拒绝中断对苏贸易。6月22日里根宣布，禁止美国所有的海外子公司向苏联出口或转口油气设备，含有美国技术的产品也不许出口到苏联。任何公司违反禁令就会受到美国政府的制裁，以后禁止进入美国市场。

因为美国的技术产品在油气管道市场占有主导地位，几乎所有的西欧公司多多少少都用到美国的零部件，而且很多关键设备都是通用公司设计生产，尤其是工业涡轮和压缩机。美国的目的

---

① 阮建平：《第二次世界大战后美国对外经济制裁》，博士学位论文，武汉大学，2004年。

很明确，阻断苏联建设天然气管道所需关键技术和设备的进口，制裁的对象也从苏联变成了参与建设的西欧和日本公司。

西欧抵制美国方案

西欧各国认为，美国以牺牲西欧各国安全为代价遏制苏联是对主权的侵犯，而且在具体事情上对苏联的制裁更多是为了美国的经济利益。比如 1981 年渥太华会议上，里根要求日本中曾根首相阻止小松重型机械制造公司向苏联出口管道铺设装置。10 天后，却为本国的卡特彼勒公司提供了向苏联出口同类产品的许可证。而且美国对苏联的粮食贸易一直在进行，这又为西欧各国提供了口实。

以生产工业涡轮的英国约翰·布朗工程公司（JBE）为例。1981 年 10 月 6 日该公司和苏联签署了 6100 万英镑的汽涡轮合同和 4200 万英镑的配件和服务合同。每一台涡轮都包含美国 GE 公司生产的回转轴和通用的技术。如果取消合同对该公司无异于一场财政灾难，对英国经济萧条行业和地区而言意味着丧失大量的出口收入和就业机会。1982 年 8 月 2 日，英国贸易大臣 Lord Cockfield 启用《贸易利益保护法》命令参与管道建设的 4 家英国大公司不得按美国的禁令行事。对于技术封锁，可以尝试自主攻关或者寻找法国 Alston Atlantic 公司替代通用的技术，法国总统密特朗则直接命令该法国公司必须提供设备。

法国政府也很强势。Dresser France 公司是美国 Dresser Industries 在法国的全资子公司，它与另外一个法国公司都向苏联提供压缩机。当美国商务部威胁要对其进行制裁时，法国政府威胁，如果不履行合同，将受到法国严厉的制裁。法国工业部长让－皮埃尔·舍韦内芒（Jean Pierre Chevenement）签署了一项行政法令，命令德雷瑟法国公司（Dresser France）向苏联提供压缩机设备。法国以国家安全为由，恢复战时法令，要求履行合同，否则将征用其工厂设施。西德和意大利等国政府也采取了类似做法，反对美国对其公司的限制。据估计，西欧在苏联天然气管道设备的 150 亿美元的贸易额中能够得到 30 亿美元的利润，提供数十万个就业机会。这对处于经济衰退时期的西德、法国、英国和意大利具有特别重要的意义。

西欧各国普遍认为，美国的制裁不合法。因为美国要遏制苏联，自己却不付出代价，受损的是西欧各国，所以大家集体造了美国的反。1982 年 7 月 13 日，西德银行行长与苏联签署了资助耗资达数十亿美元的管道工程。7 月 21 日密特朗总统命令法国公司阿尔斯通大西洋公司（Alston Atlantic）向莫斯科提供由通用电力公司开发的巨型管道脱水机。7 月 24 日意大利决定履行向苏联提供设备的所有合同。8 月 24 日和 9 月 1 日，联邦德国总理施密特和英国首相撒切尔夫人分别表示要继续履行与苏联的合同。

1982 年 8 月 26 日，法国首先向苏联出口了 3 台 57 吨级的压缩机。4 天后，英国采用 GE 技术生产的 6 台涡轮机运往苏联。9 月 4 日，两台由意大利公司生产的涡轮机也运往苏联，其中采用了通用公司的回转轴。10 月 1 日，德国通用电力公司将采用美国部件和技术生产的两台涡轮机运往苏联。为了帮助本国公司参与竞争，各国政府争相向本国公司提供出口信贷补贴，结果使苏联的实际贷款利率只有 7%，并提供了总计达 100 亿美元的贷款。这实际上宣告了美国制裁的失败！

美国制裁宣布失败

1982 年 10 月底，美国商务部长宣布 13 家西欧公司被列入违反美国禁运的黑名单。这激起了西欧各国的普遍愤怒，大家也开始动用国内法对美国公司进行制裁。

1982 年 10 月，美国众议院以 209 票对 197 票通过了废除油气出口禁令的议案，11 月 13 日，里根总统宣布，鉴于欧美之间已就东西方贸易政策达成实质性一致，美国决定正式取消出口禁令，允许美国公司与西欧公司一道参与竞争管道建设合同，放弃对西欧公司的制裁。实际上，西欧并未与美国就管道禁令达成任何妥协，取消制裁只是美国不得已而单方面作出的决定。

第三节　全方位立体贸易战（1983—1991）

天然气管道战失败，美国对苏联经济作了一个系统分析。他们认为苏联的主要软肋有两个：一是高度依赖西欧和美国的技术，二是高度依赖石油收入。技术封锁已经被证明难度太大，西欧各国为了自己的利益也需要对苏联贸易，所以美国下一步的重点变成减少苏联的石油收入，同时增加开支。美国财政部估算，石油价格上涨 1 美元 / 桶，苏联一年就可以多获得 5 亿—10 亿美元的硬通货①。所以美国开始用尽一切办法降低油价。

第一步，停止购买用于战略石油储备（SPR）的原油。

---

① ［美］彼得·施魏策尔：《里根政府是怎样搞垮苏联的》，新华出版社 2001 年版，第 164 页。

1973—1974年阿拉伯产油国对欧美实施石油禁运。之后，美国吸取教训，开始大规模储备原油。美国国会制定的目标是到1990年储备7.5亿桶，1983年的原计划是每天22万桶。考虑到要压低油价，美国开始宣布减少储备原油的购买量，一次性降到14.5万桶。为市场营造了一种油价要下跌的预期。

第二步，美国让自己的老牌盟友英国打响了油价下降的第一枪。当时，英国的北海油田正大量出口原油，也是欧洲为数不多的原油出口国。1983年2月，美国能源部的官员到伦敦游说英国能源部长奈杰尔·劳森增加产量、降低油价，并且详细陈述了美国的战略、苏联的软肋以及英国未来能获得的好处。最后英国同意配合美国。

第三步，找沙特增加产量，降低价格，这才是最重要的一步，也是最难的一步。美国要想让沙特听话并不容易。一方面沙特和中东的阿拉伯国家一样把以色列当成共同的敌人，而大家都知道美国是支持以色列的，沙特没必要与所有人为敌；另一方面，油价上涨对沙特有直接好处，它的原油开采成本只有1.5美元一桶，而当时的油价是33美元一桶，它没必要做出力不讨好的事儿。接下来就要看美国的本事了！

1983年年初，美国中央情报局局长凯西会见沙特亲王图尔克并给了他一份特殊的礼物：美国国家安全局通过窃听得知"沙特的一帮分离主义分子正在促进颠覆王室的活动。也门人已经答应与在沙特首都之外的一个沙漠营地中受训的小组进行协作"①。美

---

① ［美］彼得·施魏策尔：《里根政府是怎样搞垮苏联的》，新华出版社
2001年版，第36页。

国这份礼物没有附带任何条件，但是沙特知道它的分量。因为也门有1500多名苏联军事顾问，除此以外，叙利亚、伊拉克、埃塞俄比亚这些沙特的邻居都已经倒向了苏联的怀抱。它们对这个阿拉伯地区唯一的封建王朝虎视眈眈，叙利亚、伊拉克都在暗中培植沙特国内的反对力量。美国想让沙特明白，沙特需要美国这个保护伞。沙特提出向美国购买先进武器，美国则陈述了自己的需求：希望沙特增加石油产量，降低石油价格。双方达成一致意见后，英国率先把油价从33美元降到了30美元，欧佩克的原油价格于是下调到29美元一桶，由此拉开了油价下跌的序幕。

除了削减苏联的收入外，美国还千方百计地增加苏联的各项开支，其中最主要的两项是贷款利息开支和阿富汗战争开支。苏联的贷款主要是通过法国、德国获得的。在美国的周旋下，西欧国家集体提高了对苏贷款利率，从原来的7.8%上升到17%。这种让金融机构获利的事情很容易就达成一致了，苏联的利息支出翻了一倍多。更大的支出在于战争开支。1979年苏军入侵阿富汗以后，美国通过埃及间接支援了阿富汗游击队5000万美元的苏制武器。但是效果并不明显，苏军仍然具备压倒性优势。1983年美国决定对苏联进行全面经济战之后开始增强支援方式。包括直接培训游击队员和提供更好的装备。

1985年，美苏贸易战进入白热化阶段。沙特访美后宣布增加石油产量，不再充当欧佩克的机动产油国。沙特的原油产量占欧佩克的40%，所以油价应声下跌到12美元一桶。苏联通过石油获得外汇的能力根本性下降，从西欧获得贷款也越来越难。

1986年，美国还把当时最先进的地对空"毒刺"导弹提供给阿富汗游击队，这种导弹就连自己的盟友都还没有，而美国答应每年提供 1200 枚！ 1986 年 9 月，首批发射的 200 枚毒刺导弹命中率高达 75%，苏联基本失去了对阿富汗的制空权。1986 年年底，阿富汗的游击队已经把战火推进到了苏联境内。苏军战争开支大幅上升，苏联经济岌岌可危。

最后，美国的星球大战计划逼着苏联把仅剩的一点资源都投到了军事领域。苏联只能通过出售黄金来维持正常的食品贸易，距离崩溃只剩下一步之遥。

1991 年 12 月 8 日，俄罗斯、白俄罗斯和乌克兰签署《别洛韦日协议》，标志着苏联作为国际法的主体正式解体。

第八章
没有主权就没有国家能力

　　讨论国家能力的前提是，一个国家必须能掌握自己的主权。日本在美国面前没有主权，所以在贸易战中只能全盘接受美国开出的所有条件，丧权辱国。日本在美国发起的贸易战中最大的损失不是广场协议，而是失去全球半导体市场。广场协议及其引发的日本金融泡沫大部分是本币借款，不会造成本国资产外流，但是失去半导体产业让日本失去了信息时代的所有红利。

第一节　美日贸易战

棉纺织品贸易战

　　朝鲜战争爆发后，美国对日本的军事订货激增，日本经济迅速恢复。首先恢复和发展的是纺织业。日本的棉纺织品占美国的市场份额从 1951 年的 17.4% 上升到 1956 年的 60%。到 1957 年日本纺织工业超过了英国，成为世界最大的纺织品出口国。美国的纺织业主怨声载道，这构成了首次美日贸易摩擦的导火线。最著名的就是一美元衬衫事件，美国的厂商认为日本是在倾销。在当时的情况下，日本没有什么讨价还价的能力，经济上害怕美国贸易报复，军事上依赖美国的保护。所以美国直接要求日本政府进行"自愿出口限制"，时间是5年（1957—1961年）。自主限制到期后日美于1962年和1963年分别签署了《日美棉纺织品短期协议》和《日美棉纺织品长期协议》，规定了对美棉纺织品出口的限制和增长速度。贸易摩擦得到缓解。

眼瞅着棉纺织业不行了，于是日本大力发展合成纤维。1968年合成纤维超过棉织品，成为最大的纺织品出口项目。美国又不满意了，1970年10月两国又召开有关纺织品问题的会议。日本以为自愿限制出口就行了，于是1971年3月单方面宣布了为期3年的自主限制计划，结果美国还不满意！按照美国的意愿双方于1971年10月签订《美日纺织品协定》，直接规定了此后3年内对美纺织品出口增长率分别限制在5.2%和1%以内。美国开始对日本进行精确的数字化管理。可以说美日之间既没有自由市场经济，也没有独立主权可言。

下表是1971年日本产品占美国进口商品的份额。从中可以看出，日本的经济重点已经从纺织品过渡到半导体、汽车等高技术领域。与此同时，美日贸易摩擦也急剧升温，但是日本依旧没有能力维护自己的经济主权，对美国言听计从。1970年8月美国对日本制造的电视停止验关，认定倾销。像棉纺织品一样，美国要求日本自愿限制彩电出口数量。日本都被迫接受。

商品种类	份额（%）
棉及合成纤维制品	23.5
棉织品	21.8
合成纺织品	64.7

商品种类	份额（%）
衣服	21.9
陶瓷器	59.9
钢板、金属板	43.2
钢管	57.3
办公用机器	37.4
电视机	77.7
收音机	65.9
轿车	18.8
摩托车	82.8
普通照相机	76.4
录音机	81
杂货	20.1

资料来源：日本银行《调查月报》，转引自樊勇明、贺平、黄河：《贸易摩擦与大国关系》，上海人民出版社 2011 年版，第 2 页。

1974 年美国通过了具有严重贸易保护色彩的《1974 年贸易法》。其中第 301 条的内容，授权美国贸易办公室与国外政府就不公平贸易行为进行谈判，如果谈判不成功，则总统有权通过终止最惠国待遇、提高关税、限制进口等措施对外国进行报复。这一条款，成为美国绕开 WTO，进行单边贸易保护的工具。第 301 条部分内容如下："授予美国总统对外国违反贸易协定或者美国认为不合理、不公平的进口加以报复措施的权力。USTR 可决定是否自行启动调查。"

301 条款中还专门提出了"超级 301 条款"和"特别 301 条款"，分别是针对贸易自由化和知识产权保护的问题。301 条款规定，贸易的"公平性"与"合理性"由美国单方面决定。调查裁定后，美国与对应国家政府协商，寻求贸易补偿或消除壁垒。无法解决时，常用的惩罚性措施包括中止与贸易伙伴的贸易协定，加收报复性高关税，采取进口限制等。日本成为这条法案的最大受害国。

钢铁贸易战

1961年日本钢材出口量超过美国，1964年超过德国，1969年，美国进口的钢铁42%来自日本，而且价格比美国低15%—40%。美国钢铁企业又受不了了，找政府诉苦。1969年1月，在美国压力下，日本又启动了对美钢铁"自愿出口限制"，限制时间为1969—1971年，美国要求1969年日本钢铁产品出口同比减少20%，1970、1971年允许保持同比5%以内的增长率，1972年日美商定将此协议延长至1974年。

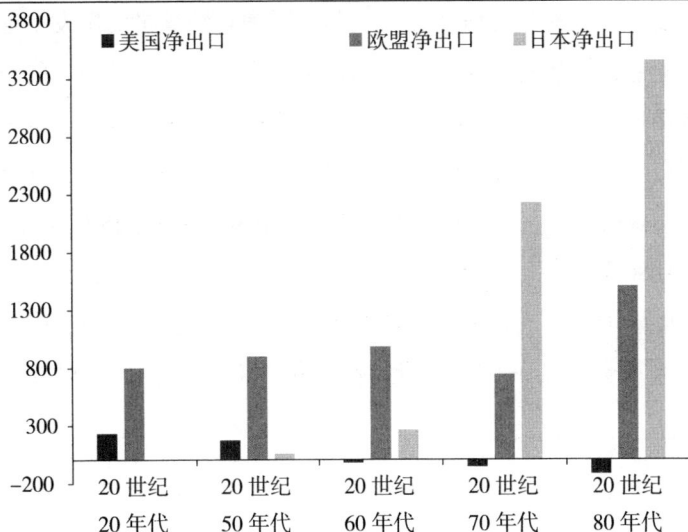

日本钢铁产品净出口急剧增加，引发贸易摩擦

资料来源：恒大研究院《日美贸易战：日本为什么金融战败？》。

145

经过几年的限制，美国钢铁企业并没有提高效率，降低价格。1976 年以后日本钢铁出口再次大增。这次美国变换策略，1977 年 12 月美国政府制定了外国对美国钢铁产品出口的最低限价制度。外国厂商钢铁产品在美国市场售价一旦低于美国政府规定的最低限价，美国国际贸易委员会有权不经诉讼而直接调查倾销行为是否对美国产业构成侵害，即《1974 年贸易法》的 201 条款。

1983 年，美国钢铁企业再次让日本进行"自愿出口限制"，发现效果不明显后，1984 年 10 月美国政府通过了《钢铁进口综合稳定法》，规定无论美国国内钢铁产业是否被害，外国（含日本）钢铁产品在美国市场上的占有率只能在 17%—20.2% 以内。这已经完全违背了自由贸易相关规定。

汽车贸易战

新一轮贸易战在汽车领域上演。因为石油危机的爆发，油价大幅上涨，市场对节能型汽车的需求暴涨，日本凭借一流的技术赢得市场。1980 年日本成为世界上最大的汽车生产国。美国三大汽车公司因为没有节油技术经营惨淡。克莱斯勒 1978—1980 年共亏损 30 亿美元，福特公司 1979 年、1980 年亏损 25 亿美元[1]。

1980 年 6 月，美国汽车工会根据《1974 年贸易法》第 201 条，以外国汽车进口使本国产业受到了重大损害为由向美国国际贸易委员会提出诉讼，要求提高关税并对汽车实行进口数量限

---

① 赵玉娟、彭剑波：《中美贸易摩擦升级的成因及对策》，《对外经贸实务》2018 年第 6 期。

制。1980 年 8 月，福特公司也向美国国际贸易委员会提出诉讼，要求根据 1974—1976 年的进口比例对进口汽车进行数量限制并保持对进口卡车征收 25% 的关税。在美国汽车行业的努力下，经日美双方协商，1981 年 5 月，双方签订了《日美汽车贸易协议》，规定日本从 1981 年 4 月至 1982 年 4 月，对美国汽车出口限制在 168 万辆以内。原本计划自愿限制出口 3 年，结果在美国压力下自愿出口限制措施到 1994 年才结束，共持续了 13 年。也就是从 1981 年开始，日本大举在海外投资，丰田与通用、马自达与福特、三菱与克莱斯勒相继在美国联合建立装配厂，规避美国的贸易限制。凭借一流的技术，到 1994 年日本海外汽车产量超过本土汽车出口量。美国这才同意日本暂停自愿出口限制计划。

日本汽车出口与海外生产情况

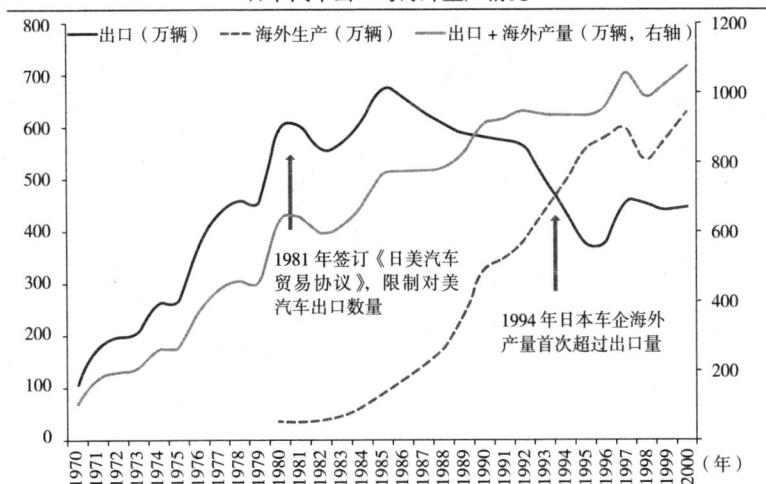

图例：出口（万辆）　海外生产（万辆）　出口＋海外产量（万辆，右轴）

1981 年签订《日美汽车贸易协议》，限制对美汽车出口数量

1994 年日本车企海外产量首次超过出口量

资料来源：恒大研究院《日美贸易战：日本为什么金融战败？》。

从日本车企在国际市场上的整体销量来看，出口量和海外产量之和从 1970 年约 100 万辆增至 2000 年约 1100 万辆，30 年间增长 10 倍，增长趋势并未受到贸易战影响。这主要是因为日本的技术和管理创新远远超过美国。1985 年左右，日本汽车工人的生产效率是美国工人的 4—5 倍。随着汽车贸易问题的解决，美日摩擦又转移到汽车零配件的采购问题，美国要求日本采购美国的零部件，日本说美国的质量太差。双方再次展开拉锯战，结局可以预期，日本全方位接受美国的命令，采购美国生产的汽车零配件。

芯片贸易战

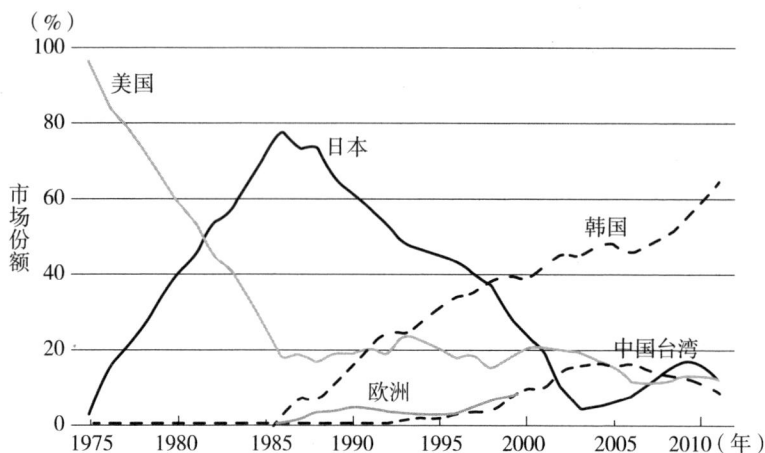

资料来源：汤之上降：《尔必达到底是什么》，日本 JB Press 网站，2012 年 4 月 5 日。

1975 年以前，美国半导体一家独大。美国既是半导体的生产国也是使用国。世界第一台军用计算机（20 世纪 40 年代）、商用计算机（50年代）、民用计算机（70年代）都在美国诞生。20世纪70年代，日本首先涉足这个领域，之后迅速崛起。日本半导体贸易顺差由1979年的4400万美元增加到1984年的23亿美元。1985年日本占世界储存芯片的份额达到46%，超过美国的40%。1986年美国对日本展开了芯片战，重塑世界半导体产业链。

日本半导体产业崛起所用的办法和纺织、钢铁领域是一样的，政府大举投入。1974年，日本政府批准"超大规模集成电路计划"，政府出资300亿日元让日立、NEC、富士通、三菱、东芝等半导体企业联合研发。因为有美国人现成的路子，这种研发可以少走弯路。所以只用了4年时间就搞出上千件专利，1980年拿下30%的半导体内存市场，1981年美国AMD亏损1100万美元，1982年英特尔裁掉2000名员工，1985年英特尔干脆退出存储芯片业务市场，共亏掉1.73亿美元。1985年日本拿下全球46%的内存芯片市场，超过美国。

1985年，美国在全球半导体行业的产值首次跌破50%，被日本超过。美国人跑去日本考察，想看看他们到底是怎么研发的。他们回国后非常失望，因为凭借单个企业的力量根本无力抵抗日本的整体进攻。日本人在一栋楼里研发存储芯片，第一层楼的人研发的16K容量，第二层楼的人研发64K的容量，第三层楼的人研发256K的容量。美国企业凭借单个力量根本追不上。于是，美国半导体行业找美国政府帮忙。说再不遏制日本，我们就面临国家安全危机了，因为半导体直接影响军工产业。1985年6月，美国贸易代表办公室就日本电子产品的倾销提起了诉讼，起诉矛头直指日本政府。因为日本并不是主权国家，对美国的压力毫无还手之力。让干什么就干什么，半导体产业联盟说解散就解散了。日本芯片出口到美国要被征收100%的关税，同时美国开始扶持中国台湾和韩国，取代日本。

解散日本的芯片联盟后。1986年美国政府成立美国半导体协会，由14家美国芯片厂商组成"美国半导体制造技术战略联盟"，政府每年补贴10亿美元进行基础研发，同时芯片厂拿出1%的销售额放到产业联盟基金，共同进行技术研发。也就是说，美国把日本那一套搬到自己国内了，但是不允许日本搞。联盟规定，成员仅限于美国本土的公司。外国企业及其在美子公司不得加入，日立在美国的一个子公司曾申请加入，但被拒绝。联盟内部有400多名科学家和研发人员，实现技术共享、成果共享。这一联盟后来发展到负责管理国内集成电路产业全行业的解决方案，形成一个庞大的"巨无霸"。

1992年，美国超过日本，重新夺回半导体全球市场份额第一的位置。1993年韩国取代日本，成为DRAM芯片的第一生产国。直到今天，美国在全球半导体行业的产值都在50%以上。虽然韩国、中国台湾轰轰烈烈崛起了，但是都是在美国的主导下进行分工。美国做芯片设计，台湾做芯片代工生产，韩国专注于生产储存芯片（DRAM）。没人可以撼动美国在芯片领域的霸权地位。2012年，日本唯一的DRAM芯片生产企业尔必达被美国的镁光科技收购。从此以后日本专注于芯片设备和高纯度硅片的生产。

1993年美国决定对日本实行"结果指向型"的经济谈判，对美贸易顺差设定具体的数值指标。简单来说，如果今年日本对美顺差是 100，明年必须减少到 80，把一切指标直接量化。对此日本表示强烈的不满。1994 年，克林顿总统和细川护熙首相的首脑会谈破裂，美国决定重启"超级 301 条款"，1995 年对日本出口美国的汽车类产品征收 100% 的惩罚性关税。面对美国的强势干预，日本没有反抗之力。1996 年，美国对外贸易逆差中日本所占的比重从 1991 年的 65% 下降到 1996 年的 28%。美日贸易战终于告一段落。

第二节　贸易战升级为金融战

金融自由化

金融自由化一般包括三个方面：利率自由化、汇率自由化和资本流动自由化。日本的金融自由化是在美国的压力下展开的，美国主要出于两个目的：第一，美国认为日本在利率及资本流动方面有诸多限制，导致日元无法实现其在国际市场的真正价值。因此，美国认为要扭转美日贸易失衡，不是改变美国的经济政策，而是要改变日本的金融、经济制度。第二，20 世纪 80 年代初，欧美金融机构进入日本受到严格的金融管制，但美国市场却对日本开放，形成不对等竞争。1983 年欧美银行东京分行的贷款总额占日本贷款总额的 3.5%，存款总额不到日本存款总额的 1%；欧美投行均未取得东京证券交易所的会员资格，只能通过香港与日本展开交易。日本金融自由化后，"管制"的闸门打开，大量资本疯狂涌入并于泡沫前抛售日本资产，助推泡沫形成与破裂。

1984 年汇率市场化。日本允许海外存款证和商业支票在国内销售，证券公司开始提供大宗公司债券投资信用，撤销外汇期货交易的"实际需要原则"，提供投机的自由，自由以日元发行对外贷款。

1985 年利率市场化。利率联动型可转让存款证书（CD）、市场利率联动型存款（MMC）和自由利率的大宗定期存款陆续出现。

1986 年资本市场开放，资金自由流动。外国投行开始取得东京证券交易所的会员资格，日本撤销人寿保险、年金信托等对外证券投资管制。日本创设东京离岸市场，允许 181 家外国外汇专业银行参与。

美国吹起日本金融泡沫

1985 年 9 月 22 日，美国召集五国财长及央行行长逼迫日本签订《广场协议》，引导美元贬值。虽然《广场协议》签署方除了美日外，还有欧洲的英法德，但美国与英法德三国的贸易逆差规模较小，而且欧洲三国持有美国债权规模远小于日本，所以在国际贸易战与美元贬值的过程中受影响较日本小得多。

1985 年 9 月 16 日，《广场协议》签署后一年，美元兑日元汇率从 240 下降到 155，极大地减弱了日本出口产品的竞争力。日本希望美国稳定美元汇率，美国开出的条件是日本必须下调利率。1986 年 10 月 31 日，日本银行决定下调法定利率，同时下调个税和法人税，实施税制改革；同时向国会提出追加预算，提出 3.6 万亿日元综合经济对策。但是，已经完成了金融自由化的日本根本就控制不了汇率的变动。1987 年 3 月，日元继续升值到 145，12 月升值到 120，1988 年一度突破 100。日元升值势头未能阻挡，但是刺激政策却已实施，泡沫愈演愈烈，美国的计划完全实现了。

1986 年日本出口总额从上一年的 41.96 万亿日元下滑到 35.29 万亿日元，降幅高达 16%。1987 年，日本出口总额 33.31 万亿日元，比《广场协议》之前的 1985 年下滑了 20%。净出口对经济实际增长的拉动从 1985 年的 1% 降至 1986 年的 -1%，并且持续拖累经济到 20 世纪 90 年代。

虽然出口下滑，但是日元大幅升值让普通日本人都变得很有钱，出现了虚假繁荣，整个日本陷入了纸醉金迷。日本人买走了当时世界 70% 的奢侈品！纽约第五大道的名牌店里全是日本人，法国的百货公司被逼对日本人限购。与此同时，日本本土的资产泡沫开始形成。1987 年 1 月东京附近的土地比一年前上涨了 23.8%，1988 年 1 月又涨了 65.3%。1989 年年底，日本土地资产总额是美国全国土地资产总额的 4 倍，所以有日本人宣称"卖掉东京就可以买下整个美国""只用皇居的土地就可以买下整个加拿大"。日本股市也随之癫狂。1989 年日本企业的市值总额为美国企业的 1.5 倍，占全世界的 45%！野村证券的市值总额超过美国所有证券公司的总和。

泡沫破灭，日本从巅峰滑落

是泡沫终归要破掉。1990 年日本开始上调基准利率，3 月上调 1%—5.25%，日经指数下跌 20%，8 月上调至 6%，日经指数再次下跌 33%，降至最高值时的一半，到 1990 年 1 月 12 日，日本股市暴跌了 70%。地价的下降要更缓慢一些，1991 年才开始下跌，一直跌到现在。如今的东京房价不到 20 世纪 90 年代高峰时期的一半。随着资产泡沫破裂，日本从巅峰滑落。

2000 年后，中国取代日本成为美国最大的贸易逆差国。2017 年美国贸易逆差 5660 亿美元，美国对中国商品贸易逆差 3725 亿美元，占比 66%，达到 1991 年日本的巅峰水平。中国也成为美国贸易战的对象。

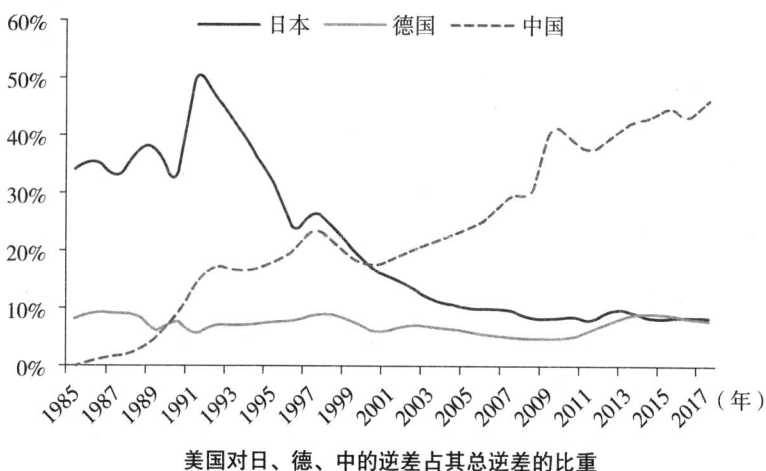

美国对日、德、中的逆差占其总逆差的比重

资料来源：Wind，海通证券研究所。

第三节 没有主权只能赚辛苦钱

日本对美国的各种贸易歧视基本没有还手之力，于是日本在 20 世纪 70 年代喊出了"技术立国"的口号。80 年代初，日本在半导体、集成电路、电子技术等高科技领域超过欧美。凭借过硬的技术让世界离不开日本制造。直到今天，日本企业仍然相信，技术是企业的核心竞争力，有技术就不怕任何的贸易壁垒。

1982年，日本的国民生产总值达到10828亿美元，是除美国之外的其他主要资本主义国家国民生产总值的1.6倍至3.7倍。同期人均国民生产总值超过西德，在西方7国中跃居第2位。同时，日本的汽车产量、机床产值上升为世界第一。1983年日本汽车产量占世界比重上升到24.1%，超过美国的22.7%。到1989年日本的比例进一步上升到25.7%，美国则进一步衰落到19.3%。1985年日本工业产品出口额占世界工业产品出口额的比重超过西德和美国，居世界首位。美国从世界最大的债权国转变为最大的债务国，日本则变成了世界上最大的债权国。塞翁失马，焉知非福。日本不能通过金融手段当世界资本家，只能埋头科技研发。

这背后的根源是美国制造业竞争力的全面下滑。美国不找自身的问题，一直揪着日本不放。比如要求日本增强电器和电气通信、药品和医疗器材、林产品等领域的市场开放程度，规定日本政府的采购将对外国公司开放。但这些措施并没有如美国预期那样带来美国对日出口的大幅上涨。直到现在，全球创新企业百强里，日本以40家企业数量排在第一，美国也只有35家，其中松下公司由传统消费电子已转型到汽车电子、住宅能源领域，夏普转向机器人、健康医疗，索尼转向高精摄像，等等。

美国不认为是自己的企业竞争力出问题了，它把对日竞争力下滑定义为"结构性问题"。是不是听着很熟悉？因为今天中美贸易摩擦美国也对中国提出了一模一样的借口。至于结构性问题到底是什么意思并不重要，什么东西都能往里面装。1990年日美签订了《日美结构性障碍协议》，要求日本改变其经济制度、社会习惯、土地价格、储蓄习惯等。对今天的中国而言，结构性问题是指不许补贴，不许发展高科技产业，不许对国外公司设门槛，等等。美国如今对结构性问题的定义和当年完全不同，所以什么是结构性问题要看美国的需求。

第九章
欧洲重新崛起之后

第一节　势均力敌的美欧贸易战

第二次世界大战以后，美国援助西欧，这时候的西欧也迫切需要美国帮助重建。所以 1945—1965 年间，西欧一直是美国最大的农产品市场。欧洲无力反抗，但是一直在积蓄反抗美国的力量！ 1962 年 1 月欧共体通过了《建立农产品统一市场折中协议》，共同农业政策的最初框架得以确立，简单说就是在欧共体内部取消关税，设立农产品的最低保护价，建立起欧洲农业指导和保证基金，用以补贴和支持共同体的农业发展。对外则竖起关税壁垒，进行贸易保护，防止低价农产品冲击市场。这一切的目的只有一个，刺激农业生产。因为他们清楚，粮食必须自给自足！否则面对任何冲突与摩擦都没有谈判的底气。

只有在发达国家，农业安全才被提高到至高无上的地步。原因有两个：一是农民的选票集中，而且利益高度统一，这保证了议会中有他们的代言人。这是我们在媒体上看到的通常解释。更重要的是，发达国家都知道把饭碗端在自己手里的重要性。它们知道自由贸易是多么的脆弱。这些发达国家无一例外，都是打贸易战的老手，一旦吃饭问题被别人捏在了手里，那么将是灾难性的。

鸡肉战

20 世纪 50 年代，美国找到一种先进的肉鸡饲养技术，只要80 天时间和 8 磅的混合饲料就能养成一只 3.5 磅重的鸡，这种技术在当时是很先进的。美国降低饲养成本，使养鸡业突飞猛进。1959 年美国对欧洲出口了价值 1900 万美元的鸡肉，1960 年增加到 3000 万美元，1962 年 5500 万美元。欧共体的家禽饲养受到重大冲击，1962 年欧共体选择对美国鸡肉设置关税壁垒。

美国人当然不服气。我凭借先进技术获得竞争优势，你一加关税，一切都付诸东流了。所以美国向 WTO 前身"关税和贸易总协定"（GATT）起诉，可是这些官僚机构的效率很差。但此时欧洲的鸡肉关税却已经先行开征了。为了缩短"战线"，美国国会通过了《1962 年贸易扩展法》，直接授权总统对贸易保护做法进行还击。1963 年 8 月美国总统肯尼迪对从欧洲进口的土豆、卡车、酒类等商品征收报复性关税。欧共体针锋相对，于 1964 年11 月再次提高对美鸡肉的进口税，并向 GATT 反诉美国的鸡肉倾销。最终欧洲竟然告赢了，因为美国对农产品有大量补贴，导致饲料价格很低。最终双方和解，但是美国吸取鸡肉战中处处被动的教训，形成了"301 条款"，后来写进了《1974 年贸易法》。"301条款"规定，美国贸易代表首先寻求与外国政府协商，以寻求贸易补偿或消除贸易壁垒。如果协商无法解决问题，美国可以采取贸易救济措施，比如征收额外的关税、费用和实施对进口的限制，无须国会通过或授权。

这一招让美国在贸易战中处处占得先机，现在已经成为美国厂商打击竞争对手的工具。明明对方没有倾销，他先去告你倾销，然后让美国政府先行征收额外关税或实行进口限制，等几个月后调查结束，即便对方确实没有倾销，但市场已经被占领了。

小麦战

欧共体的共同农业政策首要目标是粮食自给。各国制定了相同的最低收购价和补贴标准，农民不用管外部市场价格的波动，只要生产出来粮食就是盈利的。以小麦为例，1960年欧共体小麦自给率90%，需要进口10%。1980年自给率已经达到114%，欧洲开始变成小麦出口国。但是因为各国大量补贴，欧洲小麦市场价高出国际市场65%，为了解决粮食过剩问题，欧洲又开始补贴小麦出口。这就触动了美国的利益！

美国长期是农产品出口国，欧共体想要粮食自给，补贴一下自己的农民，无可厚非。可是欧洲要继续通过补贴把这些农产品卖到世界市场就会影响美国农民的利益。1983年欧共体成为世界第三大小麦出口国，小麦战从此开始。

1982年欧共体粮食大丰收，产量达到1.25亿吨，过剩2500万吨，需要出口。1983年美国小麦的总库存量达到4190万吨，玉米为7880万吨，也在积极寻找销路。美欧双方激烈争夺第三世界市场。里根政府决定从1983年开始两年内向发展中国家提供 15 亿美元的低息贷款，为美国的农产品打开销路，但是效果不明显。原因是欧共体给第三世界国家提供的贷款优惠更大。1981—1985 年间，美国的小麦出口量由 4820 万吨下降到 2520 万吨，美国所占世界小麦市场的份额也由 47% 降到 27%，相应的欧共体所占份额急剧上升。

美国独霸世界农产品市场的局面随着欧洲加大补贴而结束了。

牛肉战

1985 年 12 月，欧共体农业部长会议决定，从 1988 年 1 月起禁止进口用荷尔蒙催肥的牲畜肉类。政策一经颁布就引起美国牛肉生产商的强烈不满，因为他们普遍用荷尔蒙催肥。美国认为欧共体的规定缺乏科学依据，是借技术标准之名行贸易保护之实。欧洲不管不顾，1989 年 1 月如期开始限制进口相应的肉制品。美国随即对此展开报复，对从欧共体进口的火腿、牛肉、速溶咖啡、番茄酱等征收 100% 的进口关税。1989 年 2 月，美、欧成立了一个"牛肉荷尔蒙问题高级专案组"研究解决方法。1989 年 5 月双方达成协议，欧共体临时准许美国未经激素处理的牛肉进口，而美国也根据被允许进口的数量减少关税报复。

后来经过彻底的科学论证，WTO 赞同美国的观点，1998 年裁定欧盟对美国牛肉的禁止没有科学依据，欧盟必须在 1999 年 5 月 13 日前服从这一裁决。但是欧盟根本不执行 WTO 的裁决，持续拖延。美国再次启用关税大棒，对来自欧盟的 1.17 亿美元产品征收 100% 的关税。尽管如此，欧盟连美国提出的在含荷尔蒙牛肉包装上加贴标签的建议都拒不接受。欧洲也开始号召抵制美国产品。美国再次加码关税战。1999年3月22日，美国负责农业事务的贸易谈判代表彼得·谢尔宣布，美国将对来自欧盟15个成员国的价值9亿多美元的81种商品征收惩罚性关税，以报复欧盟禁止进口美国的含激素牛肉的做法。面对强大的关税压力，欧盟态度开始发生变化，最终接受世贸组织的裁决。

转基因食品战

欧盟对转基因产品一直谨小慎微。一方面是担心公众健康安全，更重要的是，美国完全掌握转基因的相关知识产权，控制了转基因作物市场。如果欧洲大规模种植，那么就等于粮食种子将被美国掌控。美国对外出售的所有转基因种子都是做了绝育的，下一年必须重新去美国那里买，无法留种。从粮食安全的角度，这是欧洲无法接受的。因为他们知道饭碗被别人控制是非常可怕的。欧盟则利用人民对转基因作物的恐惧心理直接拒绝来自美国的转基因作物。所以，自从1996年以来欧盟就没有批准任何形式美国的转基因玉米、大豆、棉花进口。2000年7月17日，欧盟环境部长们决定无限期延长对转基因农产品的进口禁令。

在美国的强硬态度下，欧盟最终妥协。欧洲议会于2003年7月取消了对转基因农产品贸易的禁令，但是转基因产品在欧洲销售仍然有诸多限制。比如只要产品中转基因的成分超过0.9%，那么必须在产品以及其副产品上明文标示"本产品产自转基因生物体"。这些规定使得很多的消费者在选择产品的时候对转基因产品仍有一定的歧视，从而在国内市场上抑制了转基因产品的消费需求。

美欧转基因产品战仍在进行。

至于转基因技术是不是安全，这是一个严肃的科学问题，在此我们不做评论。但是从国家战略的角度看，粮食种子不能控制在别国手里是非常重要的。目前转基因农作物因为多种原因无法留种也是事实，如果每年都从外国买种子本身就是巨大的风险。所以现在我国的决策是，自己研发转基因农作物，但是在主粮上禁止使用。

钢铁贸易战

20世纪50年代，钢铁产业是美国的支柱产业之一，在满足自身需求之余还为西欧重建提供了大量产品，高峰时年产量超过1亿吨。但是当西欧经济恢复以后，钢铁产量恢复，于是欧洲就开始想方设法把美国钢铁排挤出去。欧共体采取钢铁补贴的措施直接抑制了美国钢铁的输入，并对钢铁出口进行补贴。美国针锋相对，对欧洲钢铁产品实施高额反补贴税等报复性措施。

因为正处于美苏冷战时期，双方对对方都有需求，美欧贸易战并没有发展到更深入全面的程度，贸易战时所用的对策都比较和平。基本上双方都在《关税和贸易总协定》规定的框架下活动，主要通过"反倾销税"与"反补贴税"的方式提高进口关税税率。整体来说贸易战可控，是单纯的企业利益之争。

1993年欧共体规定，12个成员国的政府采购商品时，在价格高于竞争对手3%以内，必须采购欧共体内部企业生产的产品。同时要求政府不能采购欧共体生产部件少于50%的商品。这一方面反映了欧洲有自己完整的工业体系，什么产品都能生产，更重要的是这是对美国商品的直接歧视。美国随即展开反击，第一步是直接禁止美国政府采购欧共体生产的商品，第二步是对从欧洲进口的钢材征收 10% 的惩罚性关税，直到对方取消对美国企业的不公平法案。欧洲也没有退缩，双方除了就开放机电市场设备达成了共识外，在其他领域依旧互相制裁。

2001 年美欧再次爆发钢铁贸易战。美国动用"201 条款"对欧盟、日韩等国的钢铁贸易进行调查，最后确认这些国家违反"201 条款"。自 2002 年 3 月 20 日起，美国宣布对钢材征收 30% 的惩罚性关税，为期 3 年，对部分钢材实行进口配额限制。欧洲随即展开反击，钢铁贸易战再次爆发。2002 年 3 月 27 日欧盟通过临时钢材保障措施对美国钢材征收 26% 的关税，同时进行进口配额限制。2003 年 12 月美国宣布取消钢材进口的保护性关税，此轮贸易战才告一段落。

通过美欧的贸易战我们能看出，只有双方势均力敌双方才能按规矩办事，两者在关贸总协定或者后来的世界贸易组织框架内解决问题，或者双方通过互相征收惩罚性关税试验一下到底谁先受不了，然后再谈判。接下来要讲的美国和欧洲金融领域的斗争完全不是这样，美国绝对主导，绝对强势！

第二节　金融战欧洲全面溃败

美国首次面对货币挑战者

欧元诞生第一天就对美元的地位构成威胁。1998 年欧洲中央银行成立，1999 年 1 月 1 日欧元面世，当时欧元区 11 国总共拥有黄金储备 12445 吨，超过美国的 8137 吨，欧元成为美元最具实力的挑战者。

欧元成立不久，1999 年 3 月美国就联合英国在欧洲腹地发动了科索沃战争，背后的目的直指欧元。战争一打响，欧洲就有4000 多亿美元热钱出逃，一半逃到美国，一半逃到中国的香港，想以香港为跳板，投资中国内地。1999 年 5 月 8 日，美国 5 枚精确制导导弹"误炸"中国驻前南斯拉夫大使馆。一周后滞留香港的 2000 多亿美元热钱悉数逃往美国。4000 多亿美元回流美国，造就了美国持续 9 年的经济繁荣。另外，科索沃战争狠狠地打击了欧元，欧元不断贬值。从 1 月 4 日的 1.19 下滑到 2000 年年底的0.82。这对于一个刚刚发行的货币来说无疑是巨大的打击。

伊拉克拯救了欧元。2000 年 9 月 26 日，伊拉克财政部长希克马特·易卜拉欣·阿扎维宣布，伊拉克将停止一切使用美元结算的交易行为，改用欧元或其他货币，并且呼吁世界其他国家也采取这一做法。这一举措直指美国霸权的七寸。欧元随即停止下跌。

2002 年 4 月，欧佩克的高级代表发布演讲宣布："欧佩克将考虑改为欧元计值的可能性。"随后 8 个月欧元兑美元汇率持续上涨了 24%。2003 年 1 月萨达姆向全世界呼吁：所有石油需求国在向海湾国家买油时，不要再用美元，用欧元或者用其他货币都可以。此时的欧元汇率已经恢复到了科索沃战争前的状态。

如果任由事情发展的话，美国有两条路可以选：第一条是和欧元分享铸币权，大家一起印票子换商品。这会直接导致国际美元需求减少，大家抛美元换欧元，海外资金将从股市、债市和其他以美元计价的资产中流出，美国将爆发严重的经济危机。第二条路是把这个苗头掐灭。美国选择了第二条路。2003 年美国经济学家预言："当伊拉克在 2000 年年底转向欧元时，萨达姆的命运就已注定。"[1]于是美国国务卿鲍威尔拿着一管洗衣粉在联合国安理会晃一晃，直接宣布伊拉克藏有大规模杀伤性武器。2003 年 3 月 20 日，美国对伊拉克开战，4 月 9 日，美军攻占巴格达，小布什丝毫不掩饰自己的目的，占领巴格达后的第一件事就是恢复用美元计价，用美元结算伊拉克的石油。第一个想要挑战美元地位的国家被颠覆了，欧元随即回落。

引爆欧债危机

2001 年，希腊不能达到加入欧元区的条件。因为《马斯特里赫特条约》规定欧盟成员国预算赤字不能超过 GDP 的 3%，负债率也必须低于 GDP 的 60%。希腊的债务情况不能满足这两个条件，算了一下还缺 10 亿欧元。高盛为希腊量身打造了一个欺骗协议。具体做法是，高盛让希腊政府发行 136.9 亿美元的债务，然后把它换成欧元给希腊用，等债务到期前再换回美元还款。如果按照市场利率进行操作就没有任何额外的钱多出来，但是高盛按照一个优惠利率给希腊计算，希腊就凭空多出来 23.67 亿欧元。满足了希腊进入欧元区的要求，预算赤字从 5.2% 降到了 1.5%。设计这个欺骗系统，高盛收了 3 亿美元的服务费。

---

[1] 江涌：《欧佩克酝酿在原油结算交易中以欧元取代美元》，《上海证券报》，2004 年 2 月 18 日。

高盛清楚地知道有一天希腊这个债务会爆出来，于是它去找德国的银行买了个保险，这个保险叫 20 年期 10 亿欧元"信用违约互换（CDS）"。将德国拴在希腊的债务链条上，一旦希腊政府出现支付危机导致高盛的投资无法收回，德国银行就要支付高盛 10 亿欧元。

　　2006 年 3 月美国次贷危机开始显现，2007 年 2 月正式爆发，当时国际油价还处于正常水平，60 美元一桶。美国首先通过抬升油价，打击欧洲经济。具体分工是高盛负责把油价炒上去，美国政府负责把油价打下来。2008 年的油价暴涨暴跌就是高盛、摩根大通、巴克莱、摩根士丹利四家投行直接操盘的，它们控制了 2008 年石油商品掉期交易头寸的 70%。原油期货市场投机热钱从 130 亿美元增长到 3170 亿美元，增长了 2300%，平均一桶原油在最终储运和消费掉以前，要倒手 27 次。

　　油价高涨，工会力量异常强大的欧洲爆发了反对油价上涨的游行示威和罢工浪潮。西班牙、意大利、希腊和马耳他的渔民工会通过封锁港口等抗议行动，逼迫政府加强补贴援助。其中希腊的骚乱竟然持续了两个月，这导致 2009 年希腊财政赤字大幅上升，预计赤字占 GDP 的 6%，现在已经上升到了 13.2%。高盛瞅准时机主动公布它和希腊政府的交易，从而使希腊难以从国际市场上借钱。然后高盛鼓动大家抛售希腊国债，市场出现恐慌，主权危机爆发，引发连锁反应，整个欧洲陷入混乱。

　　2010 年 3 月 8 日新华社报道，"高盛行为背后是欧美之间的金融主导权之争。表面上来看，高盛在希腊债务危机中的角色是金融机构和主权国家之间的利益纠葛，但是从深层次来看，这是一种阻止欧洲一体化战略在经济上的表现。有报道认为，以高盛为代表的美国金融机构在促成希腊债务危机中扮演了'丑角'，希腊此次危机是华盛顿'掺沙子'战略的表现，其目的是阻止欧洲一体化进程。"

2010 年，欧债危机不断发酵，欧元持续下滑，美国非常高兴。一旦有人试图阻止欧债的继续蔓延，美国就会从中作梗。卡恩领导下的国际货币基金组织（IMF）原本在应对欧债危机方面发挥了至关重要的作用。截至 2011 年 4 月，在 IMF 未清偿的贷款中欧洲国家占 79.5%。于是 2011 年 5 月美国就发生了"卡恩性侵案"。美国财长盖特纳在卡恩事件发生后立即表态，卡恩"显然不再适合继续担任 IMF 总裁职务，该组织应该正式确定一个临时人选"。2011 年 7 月，克里斯蒂娜·拉加德出任 IMF 总裁。随后，美国曼哈顿地区检察官塞勒斯·万斯表示，鉴于指控卡恩性侵害的纳菲萨杜·迪亚洛的可信度存在问题，建议法庭撤销控罪。8 月，美国法庭撤销了针对卡恩的所有刑事指控。IMF 换人后对欧债危机的救助就换了一个方向，对欧洲的救助就暂停了，并且继续给欧洲埋下更大的炸弹。

欧洲银行业开始用自杀式的办法救助希腊。2011 年 7 月，欧洲央行把所持希腊债券资产的价值减记 21%。欧洲银行局（EBA）数据显示 90 家欧洲银行将因此承受总计约 205 亿欧元的损失。2011 年 10 月，以德国为首的国家要求银行将希腊欠它们的债务减少 60%，银行抗争到最后同意削减 50%。2012 年 2 月底，新一轮希腊援助方案中，私人投资者对所持 2060 亿欧元希腊债券按面值减记 53.5%。这对于私人投资者来说是巨大的损失，也让欧元的主权债务蒙上巨大阴影。

2011 年 10 月，在巴黎召开的 G20 财政部长和中央银行行长会议上，一些与会的新兴市场国家建议向 IMF 注资 3500 亿美元，以增强它对欧债危机的救助能力，但被美国否决。

2011 年 11 月 28 日，美国和欧盟在白宫举行了年度峰会，美国总统奥巴马提出若干看法："一是欧洲有能力解决危机，症结在欧洲领袖没有足够的决心和紧迫感；二是美国准备好帮助欧盟解决危机，但美国并不会动用纳税人的钱来救欧洲；三是美国不支持芬兰等国提议的在 IMF 框架下扩大各方来源的资金，以应对欧债危机。"全部是冠冕堂皇的套话，翻译过来就是，欧债危机美国不会救助，也不允许别人救助，任由危机扩大才是好事儿，这样欧洲资金会更快地向美国回流。

2012 年 6 月，在墨西哥召开的 G20 峰会上，12 个国家向 IMF 作出了注资 4560 亿美元的承诺，其中，中国 430 亿美元，墨西哥 100 亿美元，俄罗斯、印度与巴西分别承诺出资 100 亿美元。但美国依然拒绝提供哪怕一分钱的救助资金，并且趁机打击欧洲，把金融定价权牢牢地控制在自己手中。

欧洲（英国）失去金融定价权

2013 年 7 月 9 日，英国政府宣布，Libor 以 1 美元的价格出售给纽约泛欧交易所集团。美国接管 Libor，表面上是因为 Libor 深陷丑闻，需要美国政府和金融机构的公信力为它背书。这背后其实是血雨腥风的金融博弈。

媒体把 Libor 描绘成烫手山芋，甚至说英国政府迫不及待地想要扔掉，比如2013年7月11日的《国际金融报》报道："Libor操纵案这一丑闻事件已经令伦敦这个金融城形象有所受损，因此，英国政府将Libor出售算是一种'釜底抽薪'之举。将已经受损或者损坏的'烫手山芋'干脆剥离或抛弃是很多机构会选择的'弃卒保车'的做法。""相较于英国银行公会这样一个为会员银行提供服务的机构而言，纽约泛欧交易所集团服务的对象显然更加广泛，既包括各家提供报价银行，也包括Libor的购买者。因此，Libor管理者的变化的确给了Libor重新赢回市场信心一个不错的开头。"我不知道他们是无知还是强制为美国辩护。Libor作为国际金融市场拆借基准利率，直接影响10万亿美元贷款利率，挂钩350万亿美元掉期合约，间接影响全球超过800万亿美元的证券，如此重要的指标难道英国想要拱手送人？显而易见，这背后有故事。

Libor每变动1个基点，就可能在全球范围内造成数百万美元的利润或亏损。作为控制这个指标的英国银行机构可以从中获得的收益还需要多讲吗？而且美国把这个指标拿过去以后基本没有改变它的运作方式，只不过庄家换成美国的银行罢了。这个交换庄家的过程充满了血腥！这是美国发动对英国金融战的结果！

2011年3月美国开始调查Libor操纵案，案件涉及16家银行，包括瑞士银行、美国银行、巴克莱、花旗、瑞士信贷、德意志银行、汇丰、摩根大通、劳埃德银行、荷兰合作银行、加拿大皇家银行、三菱东京银行、日本农林中央金库、苏格兰皇家银行、西德意志州银行、法国兴业银行。

2012年6月底，美国商品期货交易委员会对英国第二大银行巴克莱罚款 2 亿美元，美国司法部罚款 1.2 亿美元。

2012 年 7 月英国汇丰银行被美国参议院指控没有遵守《反洗钱法》，为墨西哥毒贩交易提供方便。美国参议院调查委员会主席卡尔·利文表示，如果汇丰不能按照美国的要求进行整改，应考虑吊销汇丰在美国的银行牌照。

2012 年 8 月初，美国纽约州金融服务局指控英国渣打银行"与伊朗政府勾结"，处理了"6 万笔秘密交易，至少涉及 2500 亿美元"，违反了美国对伊朗的制裁。2012 年 8 月，美国联邦政府宣称正在调查苏格兰皇家银行是否违反了美国对伊朗的制裁措施。这种级别的指控银行已经没有办法自证清白了。因为银行要是敢披露对伊朗的所有账目清单，这意味着它不保护储户的隐私。这会导致储户直接把存款转移到另外的银行。对于杠杆率如此高的银行业，存款大转移无异于自杀，银行会瞬间倒闭。

所以，只要美国说哪家银行和伊朗有勾结，哪家银行都会乖乖地交罚款和解，因为谁也不想倒闭。汇丰银行支付了 19.21 亿美元罚款，瑞银被罚款 16 亿美元，德意志银行交了 25 亿美元和解金，UBS 被罚 15.23 亿美元，法国兴业银行被罚 13 亿美元，全球银行业被罚超过 100 亿美元，美国的目的是什么呢？醉翁之意不在酒，在乎 Libor 去留也。

美国对英国银行业的调查还在继续，与此同时，美国直接干预了英国下任行长的任命。

2012 年 11 月 26 日，英国财政大臣乔治·奥斯本宣布任命一位外国人当英国下一任央行行长，因为他是"完美候选人"。这是英国银行历史上从未有过的事情。难道作为全球金融中心的英国找不到一个有才能并且愿意当央行行长的人？可是当你知道他原本是高盛的人，而且在那里工作了13年你就理解了，这是美国挑选的完美候选人。

2013年7月1日，加拿大人马克·卡尼成为英国央行318年历史上第一位外籍行长。这是英国耻辱的标志！卡尼上任后干的第一件事就是把Libor卖给美国。7月9日纽约泛欧交易所以1美元的代价接管了Libor业务，随后美国洲际交易所就收购了纽约泛欧交易所。美国牢牢控制住了世界金融定价权。英国这位外籍行长即将于2020年1月卸任，他的历史使命已经完成。

随着Libor转移到美国人手中，美国还在进一步调查伦敦黄金市场、白银市场、能源市场、外汇基准汇率指数、离岸外汇衍生品等市场操纵案件。目的只有一个，把国际金融定价权从伦敦彻底转移到美国。

第十章
中国的贸易能力世界第一

中国是美国称霸全球以来唯一的合格竞争者，中国的国家能力超越美国之前的任何一个对手。中国的经济能力有目共睹，按照购买力平价计算 2013 年中国经济总量已经超过美国，按照汇率计算，预计 2030 年将超过美国。中国的军事实力日渐增强，随着歼 20、055 驱逐舰等先进武器大规模装备部队，美国已经失去对华军事干涉的能力。社会治理和维持政治稳定方面我们也不输美国。中国的民族主义情绪随着综合国力的提升日渐高涨，社会治理能力通过新冠疫情得到了彻底的检验——中国是绝对的世界第一。中国目前唯一的短板是科研创新还不如美国，但这只是暂时的。

从历史的角度看，制造在哪里创新就在哪里。市场本身就是创新最大的推动力，加上政府的引导和重视，超过美国只是时间问题。为遏制中国崛起，美国在我们提出《中国制造 2025》后就酝酿了对华贸易战。

从 1991 年到 2010 年，美国对我们进行了 5 次 301 调查，每次都制定了严厉的惩罚措施：1991 年 4 月首次 301 调查后美国公布了一份 15 亿美元商品的惩罚清单，对中国出口美国的 106 种商品征收 100% 的关税；1994 年和 1996 年的 301 调查后，美国公布了 30 多亿美元商品的征税清单；2010 年 301 调查后美国向 WTO 申请争端解决机制下的磋商。而美国这些惩罚措施到最后都成了谈判的筹码，逼我们签订一些协议，最后它放弃实施惩罚。1991 年、1994 年和 1996 年中美分别签署了 3 个有关知识产权保护的协议。2010 年这次，我国修改了关于风力设备补贴的法规。但是 2017 年这一次，美国一改以往的套路，直接开启了一场史诗级的贸易摩擦。

2017 年 8 月 18 日，美国贸易代表莱特希泽宣布，美国正式对中国发起 301 调查。8 月 20 日笔者写了一篇公众号文章①，明确告诉大家美国将对我们开打贸易战，而且芯片领域是我们的绝对短板，结果不幸言中。不但贸易战开打了，而且美国一开始就拿中兴开刀。

第一节　中美贸易摩擦的双重属性

美国作为战后世界秩序的建立者、维护者，它当然要保持自己世界第一大国的地位。同时对所有的挑战者进行打压，我们在第七—九章已经系统描述了美苏、美欧、美日贸易战。毫无疑问，对中国的贸易打压是这种贸易战的延续，尤其是美国国内收入差距越来越大的情况下，它必须把国内民众的压力引流出去。

中美贸易摩擦还具备另一种属性，那就是美国意识到中国可能超过美国成为新的世界秩序缔造者。为了维持霸主地位，它选择全方位遏制中国。苏联的经济体量在巅峰时（1975 年）也只有

---

① https://m.Weibo.cn/status/4142782366760410?.

美国的 40%，日本巅峰时（1995 年）只有美国的 70%。欧洲任何一个国家都没有单独挑战美国的实力，而且欧洲作为一个整体也不够团结。中国则完全不同，我们的经济总量超过美国只是时间问题，虽然 2018 年我们 GDP 总量只有 13.4 万亿美元，美国高达 20.5 万亿美元，但是我们的人均不到 9000 美元，美国高达 6.2 万美元，中国增长潜力巨大。如果用国际上通用的购买力平价计算，2013 年中国 GDP 为 16.82 万亿国际元，美国为 16.78 万亿国际元，我们已经完成了对美超越，而且这个差距还在越拉越大。

GDP(国际元)走势图

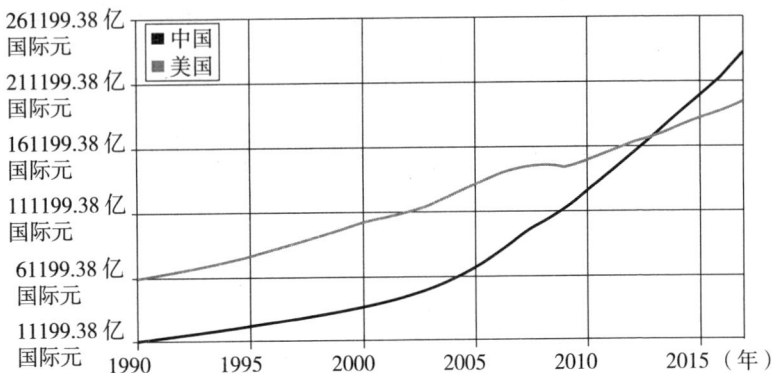

资料来源：世界银行。

中美贸易摩擦的双重属性决定了这次贸易战的复杂程度超过以往任何一次。美国具备科技优势，中国具备市场优势；美国军事能力世界第一，中国有能力保护自己；美国是现行国际秩序的维护者，中国是现行国际秩序的受益者；美国对外推行霸权主义，包括军事霸权、美元霸权，中国对外实行和平发展，包括"一带一路"倡议、亚投行等。

第二节　打压挑战者，转嫁矛盾

20 世纪 70 年代石油危机后美国经济陷入滞胀，于是美国发起了对苏联的贸易战。

80 年代美国制造业竞争力严重下滑，于是它把矛头对准了日本。

2008 年后美国金融实力面临巨大的衰退风险，于是美国对欧洲发起了金融战。

如今美国面临巨大的贫富悬殊危机，于是它把矛头对准了中国！

皮凯蒂所著的《21 世纪资本论》详细论证了资本的收益增速超过劳动者的工资增速。这导致的结果只有一个，贫富悬殊越来越大。新自由主义经济学为危机国家提供的经济建议全部是以"私有化"为中心的财政紧缩方案。这种方案的结果也永远只有一个：贫者更贫，富者更富。今天美国社会的财富分配已经回到1929 年资本主义大危机爆发之前的样子了。

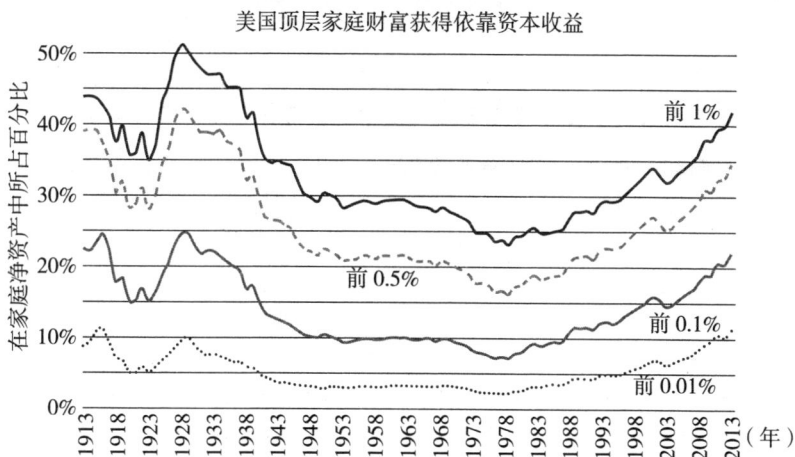

美国顶层家庭财富获得依靠资本收益

出处：Emmanuel Saez and Gabriel Zucman，*Wealth Inequality in the United States since 1913: Evidence from Capitalized Income Tax Data*

175

美国社会收入最低的 90% 的人，他们的财富从 20 世纪 80 年代后期就开始不断下滑。到 2013 年已经达到了一个临界点，前 0.1% 的人拥有的财富和后 90% 的人拥有的财富几乎一样。这意味着什么呢？美国人口 3.257 亿，其中最富有的 32.57 万人拥有的财富和后面 2.93 亿人拥有的财富一样多。美国社会庞大的中产阶级消失了，只剩下赤贫阶层和最富有的阶层。

美国：前 0.1% 的人拥有的财富和后 90% 的人拥有的一样多

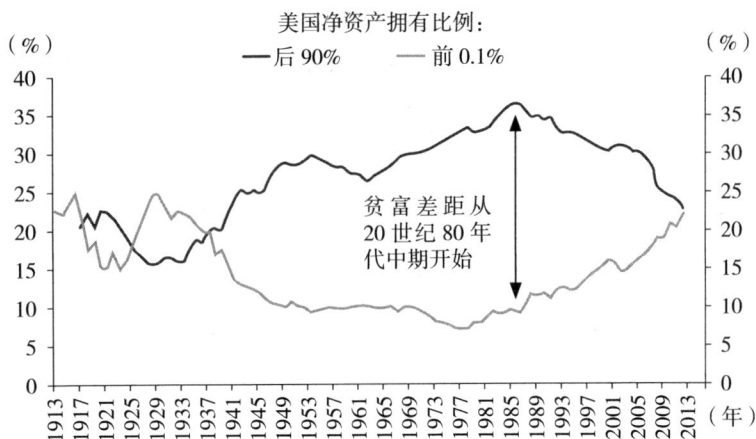

数据来源：德意志银行全球市场调查。①

---

① https://markets.businessinsider.com/news/stocks/there-could-
be-an-unexpected-side-effect-of-trumps-infrastructure-
spending-1001554657.

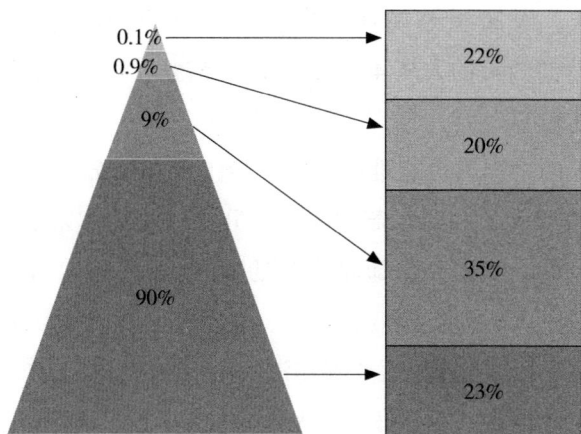

美国社会财富分配图

庞大的中产阶级是社会的稳定器，中产阶级消失意味着美国失去了稳定的基础。这种不稳定在 2016 年的大选中被展示得淋漓尽致。不要以为特朗普这个反建制派上台是偶然，他上台的背后是美国普通白人的生活质量越来越差，特朗普所喊出来"替沉默的大多数发声"的确是命中了要害。

社会政治学者莫雷写的《分崩离析：美国白人五十年（1960—2010）来的恶化》，以美国一个居民主要为白人的渔镇为缩影调查美国社会，他从婚姻和家庭状况、工作态度、个人诚信、信念和信仰状态四根"支柱价值"入手，揭示出美国中下层白人在过去五十年的"陷落"。1960—2010 年，处在婚姻状态的人数比例从 84% 下滑到 48%；家长平均每周工作达 40 小时的人数比例从 81% 下跌到 53%。20 世纪 70 年代至今，每 10 万渔镇居民中的囚犯平均数从 213 人剧增到 957 人；在渔镇坦承自己不信神的人，从 20 世纪 70 年代的 3% 上升到了 2010 年的 21%，事实上没信仰约束的人从 40% 上升到了 57%。美国社会的稳定基础已经瓦解了。

今天的中国人可能难以想象，2015 年美国公共卫生协会公布亚利桑那大学和明尼苏达大学三分之一的新生无法持续获得足够的食物。美国威斯康星大学的 Sara Goldrick-Rab 调研了美国 10 所社区大学的 4000 名学生，发现半数以上受访者饮食不足。吃不饱饭这种事情发生在非洲我们不惊讶，甚至中国农村的贫困学生考到北京、上海等发达地区念大学发生这种事情也不算稀奇。但是这种事情发生在美国着实让人震惊，而且比例还这么高。另一项统计数据可以佐证这个观点，美国 Zerohedge 网站的一项统计数据显示，2016 年美国零资产或负资产家庭比例达到 30.4%。

解决不了贫富悬殊就注定会产生一次又一次的经济危机。经济危机表现出来的是需求不足，而这个病的根源在于大部分人越来越穷，没钱消费，财富越来越集中在少数人手中。生产资料的私有制又从根本上决定了财富的分配不可能平均，不能惠及广大工人。所以经济危机、社会危机就注定不可避免。转嫁危机的重要方式之一就是发动贸易战、金融战，转嫁矛盾、提供福利，延迟危机的爆发。我们都知道特朗普上台靠的是美国中下层白人，我们不知道的是美国国内的贫富差距已经如此之大了。为了防止危机的再次发生，美国共和党、民主党现在高度统一，矛头直指中国，企图转嫁国内矛盾来挽救民意。

第三节　美国遏制中国的手段

"中国制造 2025"令欧美恐慌

令美国举起贸易大棒下决心制裁中国的直接原因是中国要发展"中国制造 2025"。但在这之前美国一刻也没有停止遏制中国高科技产业的发展。

1949 年中华人民共和国成立，美国国会出台《美国 1949 年出口管制法》，该法规定"那些有助于增强共产党国家的经济和军事潜力而有损于美国国家安全的出口都予以拒绝"。由此美国开始了"对华贸易管制"，禁止向中国出口包括军火、钢铁、车船在内的战略物资。随后伙同英法等 17 个国家成立了"巴黎统筹委员会"（简称"巴统"）。巴统的主要任务是限制对社会主义国家输出战略性物资和技术。禁运物资分为四大类：一是军用武器装备；二是尖端技术产品；三是稀有物资；四是中国禁单。中国禁单是对中国的特别贸易禁单，该禁单所包括的项目比对苏联和东欧国家的禁运项目还要多 500 多种。也就是说，"巴统"对中国的禁运程度比对苏联更加严厉。

1994 年 4 月 1 日巴统委员会解散了，但是对华禁运并没有停止。1996 年 7 月在美国主导下，33 个西方国家签订《瓦森纳协定》①，继续设置对华高科技设备禁运清单。直到今天《瓦森纳协定》依旧在运作。每当中国攻克一个技术难题，他们就把清单上相应的禁运条款删除。所以，表面上清单内容越来越少，本质上

---

① https://www.wassenaar.org/.

这是中国科技进步的表现。

美国不仅对我们禁运，而且阻止中国收购美国的科技类企业。美国有一个机构叫外国投资委员会，所有海外公司试图收购美国的公司都需要这个机构的批准。它不批准你就买不成。

2008年，美国外国投资委员会阻挠华为和贝恩资本对美国电子产品制造企业3 Com的收购，原因是影响国家安全。2011年，美国又以国家安全为由叫停华为收购美国3Leaf公司，其实这只是一个200万美元的小小收购，但是美国依旧看得非常紧。这些年被美国外资投资委员会否决的收购非常多，它已经变成了专门针对中国对外投资的防火墙。只要是高科技企业被收购，它会毫不犹豫地叫停，比如半导体、制造业等。

最近大北农科技集团发布了一则公告让大家笑掉大牙，美国外国投资委员会禁止大北农收购美国一家种猪公司。你没看错，就是给猪配种的公司，名字叫Waldo Farms。这怎么可能影响国家安全呢？摆明了就是针对中国。下表是最近几年被美国外国投资委员会否决掉的对美投资，2015—2017年有14笔，涉及金额320亿美元。2018年5笔，涉及金额22亿美元。

时间	买方	标的	金额（百万美元）	行业
2018年3月	中国重型汽车集团	UQM Technologies	12	汽车相关
2018年3月	大北农	Waldo Genetics	17	食品加工
2018年2月	湖北鑫鑫炎	Xcerra Co	580	半导体
2018年2月	蓝色光标	Cogint	382	娱乐
2018年1月	蚂蚁金服	速汇金	1200	金融

时间	买方	标的	金额 （百万美元）	行业
2017 年 11 月	华信能源	投行考恩集团	275	金融
2017 年 11 月	东方弘泰	AppLovin	N/A	传媒
2017 年 11 月	忠旺集团	爱励铝业	2330	能源
2017 年 9 月	Canyon Bridge Capital	莱迪思半导体	1300	半导体
2017 年 7 月	海航集团	全球鹰娱乐	415	娱乐
2017 年 9 月	四维图新等	HERE	120	地图
2017 年 6 月	TCL	Novatel Wireless 旗下 MIFI	50	网络
2016 年 12 月	福建宏芯投资	Aixtron	830	半导体
2016 年 10 月	安邦	Hotel del Coronado	1000	酒店
2016 年 5 月	中联重科	Terex	3300	制造业
2016 年 2 月	华润	仙童半导体	2500	半导体
2016 年 2 月	紫光股份	西部数据	3800	半导体
2016 年 1 月	金沙江创投财团	Lumileds	3300	制造业
2015 年 7 月	紫光股份	美光	2300	半导体

　　未来形势将更加严峻。2018 年 6 月 18 日，美国参议院通过一项新法案《外国投资风险审查现代化法案》。这个法案继续扩大了美国外国投资委员会的权限。比如，以前收购美国公司才会被审查，现在可能租赁位于美国港口或者政府机构附近的房屋都要被审查。我们可以断定，中国以后不可能通过购买的方式获得任何美国先进技术。党的十八大以来，习近平总书记在多个场合都强调过科技创新的重要性，指出核心技术受制于人是最大的隐患，而核心技术靠化缘是要不来的，只有自力更生。现在看来，

非常具有前瞻性。下表是习近平总书记的部分语录。

习近平关于核心技术自主创新的语录：

一、2013 年 3 月 4 日习近平在参加全国政协十二届一次会议科协、科技界委员联组讨论时的讲话

现在，比较正常的技术引进也受到种种限制，过去你弱的时候谁都想卖技术给你，今天你发展了，谁都不愿卖技术给你，因为怕你做大做强。在引进高新技术上不能抱任何幻想，核心技术尤其是国防科技技术是花钱买不来的。人家把核心技术当"定海神针""不二法器"，怎么可能提供给你呢？只有把核心技术掌握在自己手中，才能真正掌握竞争和发展的主动权，才能从根本上保障国家经济安全、国防安全和其他安全。当然，我们不能把自己封闭于世界之外，要积极开展对外技术交流，努力用好国际、国内两种科技资源。

二、2013 年 7 月 17 日在中国科学院考察工作时的讲话

高端科技就是现代的国之利器。近代以来，西方国家之所以能称雄世界，一个重要原因就是掌握了高端科技。真正的核心技术是买不来的，正所谓"国之利器，不可以示人"。只有拥有强大的科技创新能力，才能提高我国国际竞争力。

三、2013 年 8 月 21 日听取科技部汇报时的讲话

在国际上，没有核心技术的优势就没有政治上的强势。在关键领域、卡脖子的地方要下大功夫。军事上也是如此。

四、2014年5月23日视察中国商飞设计研发中心

我们要做一个强国，就一定要把装备制造业搞上去，把大飞机搞上去，起带动作用、标志性作用。中国是最大的飞机市场，过去有人说造不如买，买不如租，这个逻辑要倒过来，要花更多资金来研发、制造自己的大飞机。

五、2014年6月9日在两院院士大会上的讲话

只有把核心技术掌握在自己手中，才能真正掌握竞争和发展的主动权，才能从根本上保障国家经济安全、国防安全和其他安全。不能总是用别人的昨天来装扮自己的明天。不能总是指望依赖他人的科技成果来提高自己的科技水平，更不能做其他国家的技术附庸，永远跟在别人的后面亦步亦趋。

六、2015年2月16日视察中科院西安光机所

我们的科技创新同国际先进水平还有差距，当年我们依靠自力更生取得巨大成就。现在国力增强了，我们仍要继续自力更生，核心技术靠化缘是要不来的。

七、2015年3月5日在参加十二届全国人大三次会议上海代表团审议时的讲话

我国发展到现在这个阶段，不仅从别人那里拿到关键

核心技术不可能，就是想拿到一般的高技术也是很难的，西方发达国家有一种"教会了徒弟，饿死了师傅"的心理，所以立足点要放在自主创新上。

八、2016年4月19日在网络安全和信息化工作座谈会上的讲话

互联网核心技术是我们最大的"命门"，核心技术受制于人是我们最大的隐患。一个互联网企业即便规模再大、市值再高，如果核心元器件严重依赖外国，供应链的"命门"掌握在别人手里，那就好比在别人的墙基上砌房子，再大再漂亮也可能经不起风雨，甚至会不堪一击。我们要掌握我国互联网发展主动权，保障互联网安全、国家安全，就必须突破核心技术这个难题，争取在某些领域、某些方面实现"弯道超车"。

九、2016年10月9日在十八届中央政治局第三十六次集体学习时的讲话

网络信息技术是全球研发投入最集中、创新最活跃、应用最广泛、辐射带动作用最大的技术创新领域，是全球技术创新的竞争高地。我们要顺应这一趋势，大力发展核心技术，加强关键信息基础设施安全保障，完善网络治理体系。要紧紧牵住核心技术自主创新这个"牛鼻子"，抓紧突破网络发展的前沿技术和具有国际竞争力的关键核心技术，加快推进国产自主可控替代计划，构建安全可控的

信息技术体系。要改革科技研发投入产出机制和科研成果转化机制，实施网络信息领域核心技术设备攻坚战略，推动高性能计算、移动通信、量子通信、核心芯片、操作系统等研发和应用取得重大突破。

既然不允许我们购买，那我们自己研发总没问题吧。所以2015年5月8日，国务院提出了"中国制造2025"战略，目的很明确，2025年迈入制造业强国，2035年达到世界制造强国阵营的中等水平，2049年进入制造业强国前列。欧美依旧不允许。

2016年8月18日，"中国制造2025"第一个试点城市花落宁波，这意味着"中国制造2025"从指导文件转入了具体实施阶段。当时美国正在忙着选举，无暇关注。所以，欧洲首先对中国发难，这一点很多人都没有发现。

2017年3月7日，中国欧盟商会主席伍德克表示："'中国制造2025'的不寻常之处在于，同时为国内和国外市场的份额指定了精确的目标。这令欧洲及其他地区的人担心，打了兴奋剂的中国国企会以中国制造淹没那些利润丰厚的领域——类似于过去20年发生在其他低端制造业领域的情况。在许多例子，比如高铁的例子中，西门子等西方跨国公司依照许可证协议交出了技术，结果却发现中方合作伙伴转身就与它们在国外市场展开竞争。"

其实这是赤裸裸的嫉妒，中国购买西门子的技术是花了大价钱的，而且我们向全球输出的高铁标准是消化吸收以后自己创造的，如果真的侵犯西门子的专利了，它可以去诉讼。实际上中国高铁走出去的过程都是合理合法的，只是西方企业不能继续享受暴利了而已。

2017 年 2 月，德国、法国、意大利联手向欧盟委员会提交了一份关于审查外来投资的文件，呼吁欧盟授予各国政府在收购案件中拥有更多否决权，以抵御非欧盟国家（主要是中国）对欧盟高科技企业的收购。

特朗普上任后终于有时间处理这个事情了。2017 年 5 月 11 日他任命莱特希泽为美国贸易代表，这是个贸易战老手。2017 年 8 月 18 日，美国正式对华展开了 301 调查。

2018 年 1 月 24 日达沃斯论坛上，美国商务部长罗斯直接说："下一个挑战将是'中国制造 2025'计划中对高科技领域的雄心壮志，这个计划旨在将中国打造成为制造强国，中国将在大多数你可以说出、拼写出的新科技领域赢得巨大的市场份额""这是一个直接的威胁"。

2018 年 3 月 22 日莱特希泽在参议院做证时列出了对中国征收关税覆盖的十大高科技产业，称它们是中国在"中国制造 2025"中计划主要发展的产业。他说中国要运用科技手段，并且投入几千亿元以达到国际领先，如果让中国如愿以偿，就对美国不利。所以莱特希泽公布的第一轮对华征税产品种类和"中国制造 2025"要重点发展的种类一模一样。

今天的世界格局，谁控制了核心技术谁就能控制整条产业链，谁控制了核心技术谁就可以获得垄断地位并获得超额利润。

然后凭借超额利润和市场力量扼杀其他国家的自主创新，从而让自己的垄断地位更久一些。一句话，控制核心技术就可以掌控财富的再分配比例。一旦中国成功，欧美作威作福的日子就到头了。

你可能会问，为什么中国不能加入发达国家俱乐部呢？为什么中国一进去，它们就没好日子过了呢？一句话，因为中国体量太庞大了。欧洲、大洋洲、美国、加拿大、日本，这些地区和国家人口总和才10亿，中国一个国家就14亿。中国的发展目标是让14亿人过上好日子，为了达到这个目标，就不可避免要购买全球的资源。不要以为这是天方夜谭，或者是阴谋论，这是很现实的国际竞争。2010年4月15日，美国总统奥巴马就气候问题接受澳大利亚广播公司采访时非常直白地说，"如果超过十亿的中国公民都采取澳大利亚和美国当前的生活模式，那我们所有人的情况都会十分糟糕，地球承担不了"。[1]言外之意，只允许他们富裕，我们没资格加入。

所以美国对"中国制造2025"的围追堵截非常露骨。中国发展什么，它就限制什么，赤裸裸的遏制。还有更恶劣的事情，2018年6月11日，美国国务院明确开始限制中国留学生签证。美国移民局已经缩短了机器人、生化、医疗等高科技领域的中国留学生签证，变成一年一签，可以随时终止你的签证，目的就是防止中国人去美国学习先进技术。

我们承认美国在科技、教育、先进制造业等方面比中国更加

---

[1] 奥巴马接受采访的视频（http://www.abc.net.au/7.30/face-to-face-with-obama/2673356）。

先进。这次贸易摩擦也是美国全方位遏制中国的开始，但这不代表美国具备彻底碾压中国、瓦解中国的能力。相反，这更加证明了，中国过去这些年走的道路是正确的，包括 20 世纪八九十年代的韬光养晦，2000 年以后发展军事，2013 年"一带一路"倡议，以及 2015 年的"中国制造 2025"。正是因为中国政府做对了，所以当前的世界老大才会如坐针毡。

美国对华发动贸易战恰恰证明了中国的崛起，证明了中国道路的正确。

"全美总动员"

2019 年 3 月 25 日，美国再次启动了"应对当前危险委员会（中国）"（Committee on the Present Danger：China）。这个委员会在美国历史上启动过 3 次。第一次是 1950 年，当时的战略是全面封锁社会主义国家。第二次是 1976 年，美国用经济战瓦解了苏联。第三次是 2004 年，针对全球反恐。而这一次是针对中国的，它的使命是教育公众全方位抵制中国。

2019 年 4 月 9 日，美国前众议院议长纽特·金里奇在"应对当前危险委员会（中国）"圆桌会议上说："美中之间将是一场长期的有关'信仰自由与信仰具有中国特色的文明'之间的较量。这是一场有关文明的较量，不是国家间的。"前白宫首席策略师史蒂芬·班农说，西方的政府体系和中国的政府体系格格不入，"一方的胜利便是另一方的失败"。"应对当前危险委员会（中国）"2019 年 4 月 25 日宣布，即便是中美达成贸易协议，也无法解决中国对美构成的无数其他威胁。

如果他们的话还不能引起警惕，那么美国国务院政策规划主任基伦·斯金纳的观点更能代表官方意见。2019 年 4 月 29 日斯金纳称，"冷战"在某种程度上是"西方家庭内部的斗争"，但中国是独特的挑战，因为当前中国的制度不是西方哲学和历史的产物。美中矛盾不同于当初的美苏矛盾，因为美苏矛盾是"高加索人"之间的内部矛盾，而美中矛盾则是"高加索人"与"非高加索人"的矛盾。这其实已经上升到了种族主义的冲突。而美国正基于第一次"与一个真正不同的文明作战"的理念，制定对华战略，进行一场"文明与种族的较量"，"这是我们第一次面临一个非白人的强大竞争对手"。毫无疑问，这可以代表美国政府的态度。

　　我们的媒体面对"文明冲突说"都选择逃避、否定或无视。拼命去美国的智库、机构找反对意见。毫无疑问肯定能找到几条，但是那不代表美国社会和美国政府的主流意见。美国过去、现在一直都有种族歧视。今天也毫无疑问地在用种族主义的方式对待我们，只是过去他们只做不说，今天用"高加索人"与"非高加索人"的方式说出来了而已。对华人遏制已经成为美国主流意识形态。2018 年 6 月 11 日，美国国务院明确开始限制中国留学生签证，麻省理工学院 2019 年 EA 轮次录取的 707 个新生中没有一个中国大陆的高中生。斯坦福大学 2018 年年底公布的 50 多个国家和地区的面试计划中也没有中国大陆。这是直接对中国这个主权国家的抵制！是赤裸裸的种族主义和霸权战争的开始。

　　美国在《美国国家安全战略报告》《美国国防战略报告》等政府正式文件中都把中国视为头号"敌人"。根源就在于美国对我们制度的全面否定。因为中国用事实向全世界证明了社会主义制度在发展经济方面的强大生命力，这是他们害怕的根源。在此之前，所有的发达经济体都是资本主义制度。苏联作为社会主义挑战者一直受经济问题，甚至粮食问题的困扰。中国是唯一一个在经济上取得巨大成功的社会主义国家。

美国《国家利益》杂志 2019 年 4 月 14 日刊登了政治学教授布拉德利·塞耶的文章，他阐述了美国为什么要保持意识形态领域的领导地位。他说："我认为意识形态因素是中国成功故事的重要组成部分。中国成功故事不仅包括资本主义、经济快速增长、强大的国家控制……破坏环境，也表明……可以带来快速的经济增长。在我看来，这就是中国宣传的中国成功故事，并想把它在全球推广。"

即便我们从来没有对外推广中国制度，即便我们已经把破坏的环境努力恢复了，即便我们的民生、民主改善得非常好。只要美国看到社会主义强大的生命力就已经感到不安了。因为他们也知道向往美好的事物是所有人类的共性。所以，本质上这是意识形态的冲突，是社会主义和资本主义两种道路的冲突。

特朗普刚刚上任时很多人认为这是对中国的利好，因为大家都觉得他傻。可是当中美贸易摩擦、美朝会晤等一系列富有成效的经济和外交手段施展下来，大家又发现他真不好对付。美国不好对付是真的。无论从经济、政治、军事、文化等任何一个方面看，美国都是绝对的世界第一。只是在克林顿、小布什、奥巴马执政的时候，这些老牌政客会把他们的侵略手段包装得比较温柔。这个温柔手段骗过了不少天真的中国人，大家真的以为美国是救世主，就像美国大片里拍的那样拯救世界，为了人权、为了全人类和恐怖分子斗争，等等。其实即便在他们统治期间，中国的日子也没好过到哪儿去，只不过老百姓比较健忘罢了。1996年台海危机，美军两个航母战斗群开到台湾海峡阻挠中国统一。1999年5月7日，美国5枚精确制导导弹轰炸我国南联盟大使馆。2001年4月1日发生南海撞机事件，5月9日美国开始继续侵犯我国领空。2009年美国开启了亚太再平衡战略，60%的美国海军都部署在中国周边，怂恿周边国家就南海问题挑起事端，从此南海无宁日。挑起中国香港的年轻人对抗政府，直接干预中国内政等。

我们需要感谢特朗普，感谢他这么赤裸裸。他把美帝国主义的本性彻底暴露：恃强凌弱，言而无信，好话说尽，坏事做绝。我们要谢谢他让我们中国老百姓看清楚，这个世界依旧是弱肉强食，从未改变。

特朗普展开的对华贸易战很明显不是为了解决贸易逆差。我们政府开出的条件很清楚，你不是说有贸易逆差吗？我增加采购量，你那么多高科技产品也可以卖给我啊，结果你不卖。那我自己研发总没问题吧，结果你也说不行。那我对外贸易多用人民币，少用美元吧，美国更加不乐意，拼命遏制人民币国际化和人民币石油期货。美国开出的贸易战清单就是针对我们"中国制造2025"，我们发展什么，它就打击什么，一副标准的无赖嘴脸。本质就是不允许中国发展高科技产业，就是要遏制中国取得和美国比肩的科技能力。某种程度上，我们看到了帝国主义的本性。可是今天的中国政府不是清政府、北洋政府、中华民国政府，这些政府的共性是都没有能力保护自己的国民。今天的中国政府不一样，我们有能力保护自己的国家、企业和民众。

美国主导下的世界秩序，从第二次世界大战以来没有任何一个国家从发展中国家晋升为发达国家。中国台湾地区和韩国发展起来有着特殊的历史环境，它们要充当美国的马前卒。20世纪六七十年代的拉美有这个机会，结果被美国用汇率战消灭了；八九十年代东南亚有这个机会，当时马来西亚的人均GDP已经超过1万美元，结果被美国发起的金融风暴搞垮了。现在它把目标瞄准了中国，但是今天的中国和前面这些国家最大的不同是，我们是经济大国、军事强国，更重要的是中国吸取了苏联解体、东南亚金融风暴、拉美中等收入陷阱的教训，金融开放保持有序，国内秩序始终平稳。所以，美国才露出了獠牙，需要硬碰硬地正面遏制中国崛起。贸易战只是借口，接下来美国会采取全方位的方式遏制中国。

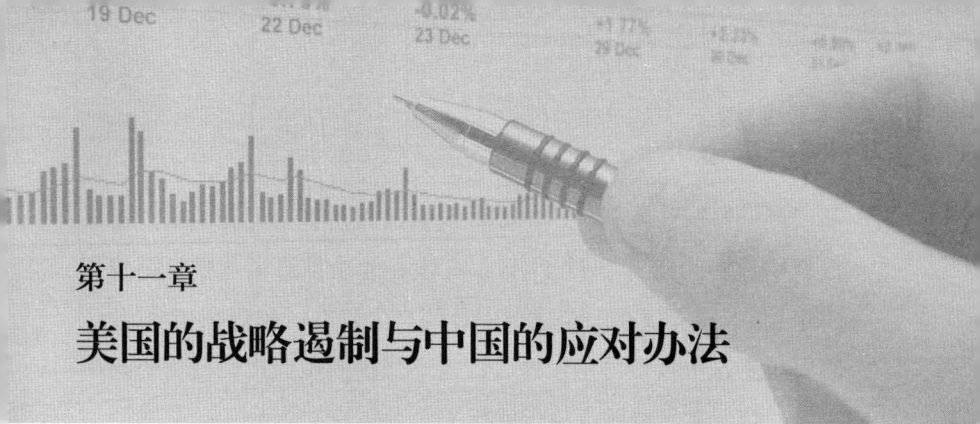

第十一章
美国的战略遏制与中国的应对办法

第一节 美国的战略选择

经济上削弱和孤立中国

● 中日韩自贸区开局顺利

2007 年 3 月，中日韩探讨建立中日韩自由贸易区的可行性，并成立了一个联合研究委员会。从 2008 年到 2012 年，中日韩每年都会举行一次中日韩领导人会议，推进自贸区的进展。

2008 年第一次中日韩领导人会议签署并发表了《三国伙伴关系联合声明》，确定了三国合作的方向和原则。2009 年 10 月 10 日第二次中日韩领导人会议敲定：启动三国自贸区官产学联合研究，共建东亚共同体。2010 年 5 月 29 日第三次会议发表了《2020 中日韩合作展望》，对未来十年三国的合作发展方向及重点合作领域进行了规划，目的是实现中日韩经济一体化。

2011 年 5 月 22 日三国在韩国建立了秘书处，探讨建立三国循环经济示范基地，其实就是项目准备落地的前期准备。2011 年 11 月 19 日东亚领导人会议上，温家宝总理提出 2012 年启动相关谈判；野田佳彦指出，中日韩自贸区很快就要开花结果，落成投资协定。2012 年 5 月 11 日，三国在北京签订了《中日韩投资协定》，中国倡议在山东建设中日韩自由贸易区先行区和示范区。不要小看这个投资协定，这是促进和保护三国间投资行为的法律文件，接下来只要照章执行就行了。

可以说，中日韩自贸区的进展非常顺利，可是这一切到 2012 年戛然而止。大家猜猜为什么？如果一直关注世界贸易局势的话，你首先想到的肯定是 TPP（跨太平洋关系伙伴协定），因为后来日本加入了 TPP 的谈判，搁置了中日韩自贸区。这中间有很多匪夷所思的事件发生，其中，主导中日韩谈判的日本官员非正常死亡！

● 日本"叛变"

中日韩自贸区，最关键的是日本。日本有技术，中国有市场。双方结合，前途不可限量。2012 年中国 GDP 达到 7.5 万亿美元，日本是 6 万亿美元，韩国是 1 万亿美元，三国加起来完全能够和美国加欧盟的经济规模相匹敌，它会成为继美国、欧盟后全球经济的最重要板块，但是美国不会坐视中国强大而不加理会。

2012 年 9 月 10 日，日本金融大臣松下忠洋在家中上吊自杀。大家不知道的是，松下忠洋就是中日韩自贸区的日方谈判代表，负责推动谈判进程和签署协议。在如此关键的时间点，他的自杀行为不能不令人生疑。日本警方的调查显示，松下忠洋死因不明，也不排除他杀可能。可是如此重大的事件最后竟然不了了之，没有深入调查，甚至没正式发布调查结果。但是有一点可以确定，他的死让中日韩自贸区的谈判进展迅速冰冻。

和松下忠洋几乎同时遇难的还有日本的西宫伸一。这个人是日本主管经济的外务省审议官，曾经担任过驻华大使，在中国有广泛的人脉。2012年8月20日，日本共同社发布新闻，日本政府拟起用西宫伸一接替丹羽宇一郎担任日本国驻中华人民共和国大使。2012年9月11日，日本政府召开阁僚会议，正式任命西宫伸一为新任驻华大使。西宫伸一是日本政坛典型的亲华派、中国通。按照规定，驻中国大使丹羽宇一郎的任期还有半年，提前更换说明日本要加速中日自贸区谈判。结果，西宫伸一还没上任就曝尸街头。2012年9月13日上午8时45分，西宫伸一在首都东京街头"晕倒"，被一名路人发现后送往医院，不治身亡。要知道西宫伸一才60岁，没有重大疾病史。更重要的是，他的死最后也是不了了之，没有令人信服的调查报告发布，各种消息错综复杂，最后都指向美国的阴谋。

他们的死，让日本政坛意识到谁才是日本真正的老大。自贸区谈判停止了，中日韩每年一次的领导人会晤暂停了，日本决定加入TPP了。难道全部都是巧合吗？

● 中日对抗

日本首相更换的频率之高，世界人民都已经习以为常了。但是在这个时间点，尤其是发生了两起非正常死亡事件之后，新上任的安倍晋三非常明白美国的意图。安倍晋三绝对是政治上的老油条，安倍晋三的父亲是安倍晋太郎，是日本政治界三大领袖之一，担任过农业部长、外交部长、经济部长、副首相等职务。安倍晋三的姥爷是岸信介，第二次世界大战的甲级战犯，日本著名政治家，当过两任日本首相。在这种家庭环境中成长起来的安倍晋三很清楚日本的处境、美国的意图。所以，2012年12月26日安倍晋三再次上任后即刻不再亲华，成了日本政坛最反华、最右翼的首相。上台后参拜靖国神社，修改和平宪法，提名右翼分子出任国防部长，高调配合美国的重返亚太战略计划。

如果安倍晋三从来都是反华派，那么还好解释，可是2006年安倍晋三第一次当首相时还是比较亲中的。第二次上台后终于"洗心革面"重新做人，处处和中国过不去。2012—2014年，中日领导没有任何会面，更别提自贸区的进展了。这些事实无不向我们昭示着，日本不是一个主权国家。

如果安倍晋三或者相应的日本官员不听话会怎样呢？美国总不能把不听话的都杀掉吧。像谋杀这种办法不到万不得已是不会使用的，毕竟太低级了，而且万一泄露出去舆论压力很大。美国平时是利用"检察院"来排除异己。这个特殊"检察院"名字叫日本东京地检特搜部。和中国的检察院一样，它是针对公务人员的检察机构。不同之处在于，这个机构是美国成立的，而且只管一件事，日本反美政治家的腐败！特搜部可以直接对日本各级官员（包括首相）进行询问、搜索、调查，甚至逮捕。首相无权干涉，但是美国可以干涉。所有东京地检特搜部的检察官都在美国中央情报局受过训练，由美国独立指导。一旦有反美的政治家上台，就会上演美国收集情报，东京地检特搜部调查的大戏。从任何角度看，这都不是一个主权国家能干出来的事儿。目前，这个"检察院"高度配合安倍晋三的工作，所以安倍能连任这么久。

大家不要小看东京地检特搜部，给大家列一下它的主要功绩：田中角荣、竹下登、小渊惠三、今晚新、中村喜四郎、铃木宗男、桥本龙太郎、小泽一郎等影响力巨大的政治家都被逮捕、起诉。但是有一个特点，亲美的官员几乎无一人被调查。

● 钓鱼岛争端，中日交往全面停止

首先声明一点，钓鱼岛自古以来属于中国，主权不容争辩。

在中日韩自贸区谈判进展异常顺利的 2012 年，美国支持日本的右翼势力挑起钓鱼岛争端。石原慎太郎是日本典型的右翼分子首领，1999 年起四次当选东京都知事，相当于北京市市长兼市委书记。2012 年 4 月 16 日，石原慎太郎在美国首都华盛顿发表演讲，他宣布"东京都准备购入钓鱼岛"。我相信这是在美国的同意下宣布的，否则一个小小的市长不敢在美国做这种影响中美关系的决策。因为美日之间是有军事保护协议的，中日军事冲突就代表着中美冲突。

2012 年 7 月，日本首相野田佳彦声称，为了保持钓鱼岛的平稳安定管理，将对其实现所谓的"国有化"。2012 年 9 月 10 日，日本政府正式以 20.5 亿日元（人民币 1.66 亿元）从栗原弘行手中收购钓鱼岛及其附属岛屿南小岛、北小岛，在同年 9 月 11 日付款和登记。

大家想象一下，如果让石原慎太郎"购买了"钓鱼岛，接下来会发生什么？肯定会在岛上制造更多的新闻。安倍晋三上来后中日韩自贸区谈判被无限期搁置，等到实质性重新谈的时候已经是 2018 年了。难道大家觉得这一切都是巧合吗？

金融战是美国的强项

美国最强大的武器是什么？首先是压倒性的军事力量。但是这个力量只能对一些小国用用，对于中俄等大国不能轻易用这一招。其次是美元霸权，也就是美国的金融力量，这是美国使用起来最拿手的工具，从无败绩。再次是文化软实力，利用各种媒体、专家来忽悠全世界的老百姓，这股力量不容忽视。这一节我们重点说美国的金融力量，美国在金融战方面从没输过！

2010 年以前美国重点是施压人民币升值，结果人民币汇率从 2005 年的 8.2 一路升值到 2010 年的 6.6。

> 2003 年 9 月，美国财长斯诺来华，提出"中国政府放宽人民币波动范围"的要求。他认为，最佳的汇率政策就是让货币自由浮动，让市场自行制定汇率，政府应该尽量减少干预。美日两国联手向中国施压，引导国际上向人民币施压的"舆论大潮"。
>
> 2004 年 10 月，中国人民银行行长首次受邀参加 G7 会议。当时，有人将这次会议形容为人民币汇率版的"鸿门宴"，除了美日等国，国际货币基金组织（IMF）也做出类似的姿态。一些国家的政要、投行机构等纷纷提出要中国放弃盯住美元的汇率安排。

2005 年 7 月 21 日，我国宣布启动人民币汇改。在获得短暂的好评之后，人民币估值再次受到个别发达国家的指责。

　　2006 年 12 月 12 日，时任美国财长的保尔森率领代表团访华。保尔森提出，"美国认为中国在消减贸易顺差方面可以做得更多。我们鼓励中国采取更具弹性的人民币汇率机制"。

　　2010 年 2 月 3 日，美国总统奥巴马公开表示将在人民币汇率问题上对中国采取更为强硬的立场，并且要求中国开放市场，从而扩大美国出口。

　　2010 年 3 月 15 日，130 位国会议员联名致信美国财政部长盖特纳和商务部长骆家辉，要求将中国认定为"汇率操纵国"，并要求美国商务部对中国商品实施反补贴制裁。在 3 月 24 日的听证会上，十余名国会议员和 4 位美国经济学者几乎是一边倒地指责"人民币被严重低估"。

　　2010 年以后，美国的施压转向要求中国开放金融市场。从此我们的金融大门一步步被打开。

2011 年推出了 RQFII（人民币合格境外投资者），即允许境外机构投资人将额度内的外汇结汇投资于境内的市场。

2012 年，中美双方发布《关于加强中美经济关系的联合情况说明》，对外资开放了汽车保险。

2014 年推出 RQDII（人民币合格境内投资者），即用境内人民币投资于境外人民币计价资本市场。开通沪港通，正式实现跨境交易。

2014 年 9 月，统一中外资银行市场准入标准，取消外资银行在一个城市一次只能申请设立 1 家支行的规定，取消支行营运资金的最低限额要求。11 月修订《外资银行管理条例》，允许外资银行、中外合资银行和外国银行分行按照银监会批准的业务范围，在银行间市场从事"债券买卖"业务。

2016 年 12 月 5 日正式启动深港通。

2017 年 3 月，外商独资银行、中外合资银行在风险可控前提下，可以依法投资境内银行业金融机构，并允许外资银行与境外母行或联行开展跨境协作。7 月，进一步放宽了外资银行投资中资银行的门槛。

2018 年是中国金融业全面开放的"元年"。

博鳌论坛上习近平总书记宣布中国进一步扩大金融开放。具体包括以下六个方面：第一，取消银行和金融资产管理公司的外资持股比例限制，内外资一视同仁；允许外国银行在我国境内同时设立分行和子行。第二，将证券公司、基金管理公司、期货公司、人身险公司的外资持股比例的上限放宽到51%，三年以后不再设限。第三，不再要求合资证券公司境内股东至少有一家是证券公司。第四，为进一步完善内地和香港两地股市互联互通的机制，从2018年5月1日起把互联互通每日的额度扩大四倍，也就是说沪股通和深股通每日额度由130亿元人民币调整为520亿元人民币，港股通每日额度从105亿元人民币调整为420亿元人民币。第五，允许符合条件的外国投资者来华经营保险代理业务和保险公估业务。第六，放开外资保险经纪公司经营的范围，与中资机构一致。

金融大门已经敞开，但是金融主权暂时还在中国政府自己手中，美国接下来要做的就是尽可能地削弱中国政府的金融能力。

很多人的第一想法是我们有那么多的外汇储备，是美国最大的债权国，怎么会没有金融能力？我们可以大规模抛售美国债券，价格下跌，利率上浮，美国金融秩序大乱，甚至爆发金融危机，似乎3万亿美元就抓住了美国的要害。实际上持有这种想法的人根本不懂国际金融，尤其是国债。国债交易不但要有买主卖主，还要有交易商、做市商，一旦中国要抛售，美国政府分分钟给摩根大通、高盛这些做市商下指令，不许接中国的单。不要以为这些金融机构都是见钱眼开的家伙，它们和政府是一伙儿，甚至是一体的。只有美国强大，这些金融机构才能赚到钱，那个时候它绝对不会和中国站到一起。不要天天做什么自由市场经济的春秋大梦，美国从来不按照那一套行事。如果用两个词总结这些金融机构——"贪婪""爱国"！毫不矛盾，相辅相成。退一步说，中国只持有美国国债发行量的 8%，一半以上的美国国债还是美国国内法人持有。

美国的银行名义上是私有制，实际上和我们的四大行没有区别。政府出于国家利益可以随时撤换管理层、停止营业、停止分红。一旦有发生经济危机的可能，法律规定政府完全可以这么做，银行股东无权上诉，用我们中国的说法叫"法院不予立案"。只要美国政府禁止这些银行和金融机构从中国手中买债券，中国手中的外汇储备就无法成为金融武器。

2007 年中投公司成立的时候，美国担心我们用手里的外汇储备购买美国的实体企业，美国国会展开了激烈讨论，目的就是如何避免中国的收购。所以在许多投资案中，美国对中国提出许多限制条件，甚至迫使中国放弃股东的管理权限，接受很长的非流通期限，等等。这种投资，实际上是用一张纸换另一张纸，一种债权换成另一种债权。这个案例从一个方面反映了美国的债务战略：可以用多种方式滚动债务，但是不会还债。中国既不能用巨额的美元储备换回黄金，也不能大规模收购实物资产，卖不掉的债券其实就是废纸一张，怎么用这个信用券非常考验中国领导人的智慧。

美国经济学家安德烈·冈德·弗兰克（Andre Gunder Frank）曾经指出："山姆大叔用实际上一文不值的美元支付中国和其他国家。特别是贫穷的中国，无偿向富有的山姆大叔提供价值成百上千亿美元的真实货物。然后，中国又转过来用这些美元纸钞购买美国国债。这些国债除了支付一定利息以外一文不值。就我们注意到的，这些国债将永远不能换回现金，或者足值地或部分地赎回，而且不管怎样，它们已经对山姆大叔贬值很多（由于通胀）。"[①]金融领域是中国目前最为脆弱的软肋。中国能否在金融大门已经完全敞开的情况下保持独立自主的金融主权，这是未来面临的最大考验。

● 人民币石油期货对美妥协

经过多年的筹备，2014 年 12 月 12 日证监会批准了上海期货交易所开展原油期货交易服务。2015 年 6 月 26 日，证监会表示，原油期货已经进入上市前最后三个月的准备期。8 月 21 日上海期货交易所发布了《上海国际能源交易中心交易细则（征求意见稿）》等四个业务规则，2015 年 9 月 22 日的原油期货标准合约公开征求意见。怎么看都是如期开始的节奏，结果莫名其妙的没有下文了。各位读者什么时候见过我们的证监会这种级别的单位说话不算数，一定是遇到了巨大的压力。这个压力来自哪里不言而喻。

2016 年 1 月，时任证监会主席肖钢在全国证券期货监管工作会议上指出，在充分评估、严防风险的基础上，做好原油等战略性期货品种的上市工作。

2017 年 4 月，证监会副主席方星海说 2017 年有信心推出石油期货。结果证监会再次食言。这背后我们不知道中美斡旋了多少个回合，双方始终无法达成一致。

2018 年 3 月 26 日，上期所下属的上海国际能源交易中心正式开始了以人民币计价的原油期货业务。原本百分之百的人民币

---

① Ben mah, *America and China: Political and Economic Relations in the 21st Century*, iUniverse, 2007, p.223.

石油期货到最后变成了接受美元等外汇资金作保证金的准美元石油期货。毫无疑问，这是对美国金融实力的退让。人民币原油期货大打折扣。道理很简单，人民币扩张就意味着美元的收缩，看看它怎么对欧洲打金融战的。所以美国一定会拼命打压人民币，削弱中国的金融能力。

●"人民币优先"前路漫漫

中国是世界第二大经济体，但是人民币的国际地位却和我们的经济地位不匹配。比如说中国的"一带一路"倡议，几乎所有的工程都是用美元贷款、美元结算。现在，我们可以挺起腰杆说，中国主导的工程，人民币优先。这不是我说的，是2018年5月7日中国人民银行副行长潘功胜说的，他说在下一步工作中，"首先是坚持本币优先，扩大人民币跨境使用"！其实2018年1月5日央行就发布通知要求"明确凡依法可使用外汇结算的跨境交易，企业都可以使用人民币结算"。现在从"可以使用"明确变成了"优先使用"人民币！

之所以提出人民币优先是因为在美元回流的大格局下，全球新兴经济体都出现美元荒。我们在这个时候提出来"本币优先"其实就是首先鼓励中国主导的企业或者和中国贸易关系密切的国家大胆使用人民币，形成一个美元退人民币进的格局。

看上去一切都进行得很顺利，实际情况呢？截至2018年年末，人民币在全球央行外汇储备中的占比为1.89%。美元资产占比61.69%，欧元资产占比20.69%，日元5.2%，英镑4.4%，人民币国际化的道路还很远。截至2019年4月，全球支付货币依旧是美元、欧元、英镑、日元，人民币占比只有1.88%。任重道远。

2019 年 1—4 月国际支付市场份额排名

排序	货币	4 月占比	3 月占比	2 月占比	1 月占比
1	美元	40.76%	40.01%	39.07%	40.08%
2	欧元	33.16%	33.75%	34.99%	34.17%
3	英镑	7.11%	7.24%	7.34%	7.07%
4	日元	3.47%	3.46%	3.51%	3.3%
5	人民币	1.88%	1.89%	1.85%	2.15%
6	加元	1.84%	1.78%	1.75%	1.74%

军事牌已经摆上桌面

特朗普对中国台湾地区的所作所为已经打破了所有美国总统坚守的"一中"底线。

2016 年 12 月 2 日，特朗普打破数十年的外交惯例，直接与台湾地区领导人通话，在推特上称蔡英文为"台湾总统"。2017年 1 月 14 日特朗普接受《华尔街日报》采访时说，除非中国在汇率及贸易问题有所让步，否则美国不一定奉行"一个中国"政策。特朗普不仅停留在打嘴炮阶段，2018 年 3 月 16 日，美国总统特朗普签署了《台湾旅行法》，这是 1979 年以来，美国和中国台湾地区在"外交"上的实质突破。照此发展下去，不排除美国直接支持中国台湾参与国际事务，加入国际机构，制造事实上的"台湾独立"。因为在美国的政策体系中，法案的级别是高于所谓的"公报"的，也就是说《台湾旅行法》法律地位高于"中美三个联合公报"。所以说这是对台关系的根本性改变，这是中国台湾自 1979 年以来最重大的"外交"突破。当然，也是中美关系的根本性改变。这是美国有意识地、毫不含糊地踩踏中国的红线，是直接削弱中国的战略利益，也是美国对华总体战略变迁一个极为重要的风向标。

《台湾旅行法》生效第二天，高雄市长陈菊就去华盛顿访问，美国的助理国务卿也随即赴中国台湾访问。这个法案带来的影响将是长期的，怎么高估都不为过。

● 加强与台的军事合作

2018 年 8 月 1 日，美国参议院通过了 2019 年美国国防授权法案。这里面有很多涉及中国台湾的内容，包括支持强化台湾地区的"国防军事实力"、扩大联合演习、军售及高层军官交流。同时还明确禁止中国大陆参加"环太"军演，密切关注中国南海，并将中国大陆列为美国国家安全的威胁。可以说，这是美国开始全面对华强硬的宣言书。

第一，明确支持美军参与台湾地区的汉光演习。汉光演习是台湾当局规模最大的军事演习，假想敌是人民解放军。以往的演习都是台湾地区三军联合，从没有美军介入。这是美国首次提出，参与台湾的军事演习。

第二，强化台湾军备。美国《2019 国防授权法案》第 1257 条、1258 条规定，美国的国防部长要对台湾的军力进行全面评估，并且向美国国会提交防御评估报告，而且这个报告必须提出和台湾应该怎么合作。同时明确扩大双方资深层级的军事交往及联合训练；支持美国对台军售及其他装备移转，尤其是发展台湾的不对称作战能力。这是美国全面军事干预台湾问题的开始。

第三，重新确立与台关系。美国参议院认为《与台湾关系法》及"六项保证"是美台关系重要基石；美国应该加强与台湾的防务与安全合作，并支持台湾发展现代化的军力，维持足够的自卫能力；强烈支持台湾通过对外军事销售制度、直接的商业销售等获得防御性武器；及时评估和回应台湾的采购需求，改善对台军售的可预测性；美国国防部长应当推动提升台湾安全的交流政策，包括适当参与台湾军演，比如年度汉光演习，以及让台湾适当参与美国军演等，并根据《台湾旅行法》促进双方高层官员和一般官员的交流等；美国和台湾应该扩大人道救援及灾难救助活动的合作；支持美国海军太平洋伙伴人道使命医院船访台。

2019年5月27日《环球时报》报道，5月25日，台当局曝光了提升"美台关系"的三大动作，包括美方同意将"台湾和美国对等放入（台）事务机构名称"，首次实现"台美断交"40年来的"国安首长"会晤，美台官员首次共同与台所谓"邦交国"官员会面。

照这个趋势下去，美国用不了多久就会造成中国台湾地区事实上的独立。届时，中美之间的冲突恐怕只能用战争来解决，别无他法。

● 南海问题，美国从幕后到台前

2019年5月31日，美国五角大楼宣布，将34架总值4700万美元、由波音公司制造的扫描鹰（Scan Eagle）无人机出售给马来西亚、印度尼西亚、菲律宾和越南政府。五角大楼也指出，这项出售事宜包含备件和维修零件、支持设备、工具、培训与技术服务，而这些设备预计在2022年3月完工。

特朗普上台后，南海矛盾持续升温，已经被美国当成一枚制衡中国的棋子。2016年12月4日，特朗普说："中国在南海兴建军事设施，他们这么干，问过我们的意见吗？显然没有！"问题是，我们对于美国在夏威夷修建军事设施也没有过问过，他凭什么过问中国的南海呢？说到底无非是凭借自己的军事霸权在找碴儿。笔者2015年在台湾大学访学期间曾经参与过南海问题的兵棋推演，当时我的指导老师是陈明通教授，那时候他还没去台湾"陆委会"当组委。南海兵棋推演的参与方有美国人、日本人、中国人、越南人、马来西亚人，很巧，一个班都凑齐了。推演的过程不重要，总之，台湾鉴于自身实力有限坐山观虎斗，而且明确拒绝帮助大陆；东南亚人在民族主义情绪以及美国的支持下冲在一线；日本人喊喊口号；美国人始终以上帝心态自居，凭借强大的军事力量维持所谓的地区均势，而且这种心态贯穿始终。课后大家一起吃饭。美国人很委屈又很诚恳地说："我们对中国没有领土要求，为什么你们这么敌视我们？再说了，从军事上中国打不过我们的。"我说，我们对夏威夷也没有领土要求，你们的军舰去别的国家耀武扬威，我们也管不着，但是在中国的家门口我们不会让你给欺负了。

不要总幻想和平。世界各国之间一直都是弱肉强食的，从未改变。今天的世界和1840年鸦片战争时的世界没有本质差别，只不过霸主从英国换成了美国而已，只不过侵略和掠夺时蒙上了薄薄的一层遮羞布而已。在遮羞布盖不住他们的意图时，他们也毫不介意你把它掀开。这一点如果你生在一个小国、弱国会有非常切身的感受。

2016年以来，美越两军关系得到加强，美国解除了向越南出售武器的禁令，支持越南在南沙群岛问题上挑战中国。2017

年 1 月 23 日，美国白宫发言人斯派塞表示，如果相关南海岛礁位于国际水域，美国将确保国际领土不被某一国家独占。表明了自己要直接介入南海的态度。2018 年 6 月 27 日，美国海军启动了两年一次的环太平洋海军演习，越南首次出现在了演习国名单中。

2018 年 7 月 30 日，美国国务卿迈克·蓬佩奥在印度-太平洋工商论坛上发言，提出了一系列针对中国的战略。最后竟然还把自己扮演成一个白衣骑士，说什么"我们不为政治影响而投资""我们从来没有而且永远不会寻求在印太地区称霸，并且会反对任何国家这样做"。难道他这么快就忘了美国殖民菲律宾的历史？忘了武力进攻朝鲜的往事？忘了陷入越南战争的惨痛教训？华盛顿智库史汀生中心东南亚项目主任艾博（Brian Eyler）说了实话，他说："特朗普政府的新策略其实沿袭了奥巴马政府的亚太再平衡策略，美国目前关注的重点还是在于加强与它们的军事与防务合作。"重点是军事！目标是中国！这是一切的根源。

舆论战，美国水平高超

每当提到舆论战，中国人总觉得自己低人一等。总觉得美国是民主国家，我们是专政国家，似乎美国比我们高级。大家别忘了，美国是资产阶级的民主，我们是人民民主专政；美国是资本主义，中国是社会主义。从理论上看，明明我们国家站在道德制高点，怎么最后变成了他们先进我们落后？这就是美国长期宣传的结果。

大家别忘了，全世界约 200 个国家，190 多个都实行资本主义制度，但其中只有十几个是发达国家。看看西方发达国家最近两百年的历史，哪一个不是殖民者、掠夺者，每个国家都沾满了第三世界国家人民的鲜血。结果摇身一变他们成了文明的代表、规则的制定者，还要引领世界的未来。欧洲殖民者贩卖黑奴过程之残忍不用多说，西班牙殖民者更是把数千万阿兹特克、印加帝国原住民屠戮殆尽，美国至少杀戮了 2500 万印第安人。在殖民者进入美洲之前，印第安人口到底有多少大概很难说清楚，有学者估计有 8000 万到 1 亿，但是一个不可动摇的结论是：殖民者到达美洲之前，北起格陵兰岛，南至火地岛的广阔北美大陆已经有大量的印第安人居住、经营并开发。这些欧洲强盗抢人地盘、杀人子女没有忏悔，没有反思，没有道歉，反而以文明的传播者自居。这是什么道理？！

一些人动不动就把英国大宪章、美国独立宣言拿出来忽悠热血青年。所谓的"无代表不纳税"不过是贵族和国王之间讨价还价的工具，从来和小老百姓、无产阶级没关系，今天也是如此，只不过已经变成了"有代表不纳税"，美国的缴税主体早已从企业变成了民众个人。美国税收和经济政策研究所（ITEP）2019 年 4 月 11 日发布的报告显示，在已申报 2018 年税收的美国 500 强企业里，有 60 家盈利的企业没有缴纳联邦所得税，这份名单包括亚马逊、通用汽车、达美航空、IBM 等。这 60 家企业在美国的总营收达到 790 亿美元，但联邦所得税的平均有效税率为 -5%——是的，你没看错，因为它们还获得了退税。不是 2021 年才这样的，而是长期如此。比如亚马逊，它是美国市值最大的公司。2018 年净利润 112 亿美元在联邦税收抵免和扣除公司高管的股权补偿后，亚马逊从政府获得了 1.29 亿美元的联邦退税，税率为 -1%；2017 年，亚马逊的净利润为 56 亿美元，但最终获得了 1.37 亿美元的退税，最终联邦税率为 -2.5%。赚得越多，国家补贴得越多。原因就是，这些超级企业都有议员在国会为它们争取利益，所以就变成了"有代表不纳税"。

至于美国的独立宣言就更是睁眼说瞎话了。大家知不知道签署独立宣言的人一半以上都有庄园，养着大批奴隶。就是这群人在那里写出："人人生而平等，造物者赋予他们若干不可剥夺的权利，其中包括生命权、自由权和追求幸福的权利。"我不怀疑他们建立一个崭新国家时内心的骄傲与荣耀，伟大和谦卑，但是他们签完字回家后依旧有奴隶在伺候，至少在他们眼里平等、自由和有色人种无关。至少随着时间的流逝，他们所说的话并没有被落实。同样是这群英格兰清教徒，1703 年在立法会议上决定每剥一张印第安人的头盖皮和每俘获一个红种人（印第安人）都给赏金 40 英镑。1720 年，每张头盖皮的赏金提高到 100 英镑。1744 年每剥一个 12 岁以上男子的头盖皮得 100 英镑；每剥一个妇女或儿童的头盖皮得 50 英镑！

美国建国以后对印第安人的种族灭绝政策并没有停止，而是变本加厉。我们都知道美国所谓的西进运动，实际上西进的每一步都沾满了印第安人的鲜血。1862 年林肯颁布《宅地法》规定，从 1863 年 1 月 1 日起，凡年满 21 岁的美国公民或符合入籍规定申请加入美国国籍的外国人，为了居住和耕种，免费或缴纳 10 美元登记费即可领得不超过 160 英亩的西部国有土地作为份地。耕种 5 年后，或 5 年内在宅地上居住满半年并按每英亩 1.25 美元缴纳费用者，所领取的土地即归其所有。大家都以为西部的土地是无主的，是所谓的"国有"。其实印第安人一直在这些土地上生活，只不过印第安人不被殖民者视为"人"。《宅地法》的颁布让许多印第安村落一夜之间成为鬼城，美国军队就是这样获得所谓的国有土地，然后分给白人殖民者。从 1803 年到 1892 年美国军队共发起了 1000 多次有规模的针对印第安部落的灭绝行动，经过一个世纪基本完成了灭绝印第安人的作战任务。1900 年左右，全美印第安人只剩 30 万。到 1924 年，美国国会才通过了《印第安人公民资格法》，宣布凡在美国境内出生的人均为美国公民，在这之前的几百年他们都是作为动物被捕杀的。如此狭隘、自大的民族观还敢号称更文明，认为自己进化得更好？

华人在美国的地位比印第安人高不了多少。1882 年美国出台《排华法案》，内容包括：（1）绝对禁止华工入境十年；（2）其他居美华人，如果没有适当的证件，一律驱逐出境；（3）今后各地均不得准许华人归化为美国公民。自此之后至 1943 年废除该法案前的 61 年中，美国政府还先后出台 15 个与之相似的排华法令。这样的国家还敢号称人人平等？天赋人权？

直到 20 世纪 60 年代在马丁·路德·金民权运动的影响下，美国的黑人才真正获得选举权。在那个《我有一个梦想》的著名演讲中有这么一句，"我梦想有一天，这个国家会站立起来，真正实现其信条的真谛：我们认为这些真理是不言而喻的……人人生而平等"。多么讽刺啊，这时候美国已经建国 200 年了，写在独立宣言上的话仍旧只是一句空话而已。

描述美国的这些真实历史只是为了告诉大家：美国对于自己历史的美化和篡改非常严重，美国控制舆论的手段非常高超。

● 美国的有限自由

美国的言论自由绝对不是你以为的那样，想怎么说就怎么说，想怎么批评政府就怎么批评政府。2003 年美国侵略伊拉克，美国国家广播公司 NBC 解雇了著名记者彼德·阿内特（Peter Arnett），理由是他接受了伊拉克国家电视台的采访，并在节目中发表了对美英联军不利的言论。类似的事情还有很多。美国为了美化自己的历史，美化自己的"英雄"有一系列禁忌。比如主流媒体一律不准说杰弗逊总统是奴隶主，虽然他的的确确是奴隶主；不许说华盛顿在独立战争中的真实作用，因为当时的战争基本是法国人在打，但是美国人写历史的时候把这些都算到了华盛顿头上；更不许提美国屠杀印第安人的历史，虽然他们的确把印第安人几乎灭绝了。

美国的当权者是如何打造主流意识形态的呢？黄树东做了系统的总结，我把它重新复述一下 [1]。第一，资产阶级政府利用手中庞大的政治经济资源培养那些愿意说假话、美化美国历史的学者。只要你说的话符合主流意识形态，就给你名誉、地位、鲜花、掌声。可以得到很多社会头衔，企业或者政府资助。因为资产阶级手中掌握着智库、研究机构、出版物、新闻媒体，这些机构的出资人都是有明确意识形态倾向的。那些所谓的独立研究报

---

[1] 有兴趣的可以参考黄树东的《制度与繁荣》，书中更详细地论述了新自由主义意识形态的影响。

告只不过是忽悠忽悠我们这些第三世界国家的普通民众。

第二，那些实话实说的，不迎合主流意识形态的，他们会把所有的舞台撤掉。让你的文章发表不出去，没有听众、观众；以各种理由让你失去教职，生存都成问题。你可以在孤独中享受言论自由。就以大学教授为例，美国的大学教授拥有的言论自由仅限于在自己的专业范围内。每个大学的老师都有一个教师手册，这个手册明确告诉你：老师享有研究和发表研究成果的完全的自由，但是这个自由受限于他们在其他教学责任上的合格表现；老师享有在课堂上讨论他们学科的自由，但是，他们必须避免在他们的授课中引入同他们学科无关的有争议的东西……只有当他们的言论与科目密切相关的时候，老师在课堂上的讲话才受言论自由的保护……至于什么是教学责任上的合格表现，美国的有关部门说了算。老师的言论自由不能超越自己的专业范围，不能引入有争论的话题。要知道这已经是所有人里言论自由最广泛的群体了。

第三，美国对社会主义意识形态的敌视和反对已经到了风声鹤唳的地步。大家都觉得美国是两党制或者多党制，似乎个人只要有能力，有支持者都可以组建政党，参与国会选举。实际上根本不是如此，否则美国早就成为工人阶级领导的国家了。1917年美国出台《间谍法》，规定任何人，只要有意导致（其他人）对美国的不忠，不服从，反抗政府，逃避兵役，等等，就会被判高达20年监禁。当时大约有300万人因此获罪，很多人被污蔑为"自愿间谍"，其实就是没证据，但是知道你是社会主义者就要把你抓起来。1918年又通过了《反煽动法案》，规定不允许诋毁政

府，甚至不允许说美国军服难看。1920 年，纽约州议会还驱逐了
5 名社会主义议员，要知道这是民选出来的。不要以为时过境迁
就如何如何，今天的美国《间谍法》依然有法律效力，奥巴马执
政期间按照这个法审理的案子有 7 个，也就是说今天美国依旧在
坚定地反对社会主义。

　　1945 年，美国发生了 3.47 万次罢工，共有 450 多万工人走
上街头。美国资本家非常担心工人阶级夺权。各种各样的反共审
查开始兴起，杜鲁门政府首先开始对联邦政府、武装部队和国防
订货承包商实行所谓"忠诚调查"。调查范围越来越大，大学里
教授社会科学的教师如果不在课堂上大骂苏联和共产主义就会被
解雇，甚至"美国小姐"的候选人都必须陈述她们对卡尔·马克
思的看法。左翼作家白劳德、史沫特莱等 75 位作家的书籍全被
列为禁书，甚至连著名历史学家小阿瑟·史莱辛格和幽默作家马
克·吐温的作品也被列入"危险书籍"之列。在此影响下，美国
国内一些城市和学校的图书馆也纷纷查禁甚至焚毁"任何可疑的
书籍和杂志"。据估计，被剔除的书籍总数有近 200 万册。这就
是你们眼中美国的言论自由！这个自由是资产阶级的自由，不是
工人阶级的自由。

　　● 自由地瓦解苏联

　　苏联的失败之所以这么快，除了和美国军备竞赛以及在哈佛
教授们指导下出台休克计划外，舆论阵地的丧失也加速了苏联的
解体。里根总统在很多演讲中都会讲关于苏联的笑话，我把它们
完整地摘出来给大家看看。

一个美国人和俄国人争论谁的国家好，美国人说："你瞧，在我们国家，我可以直接走进椭圆形办公室，我可以敲着总统的桌子，对他说，先生，我不喜欢你的治国方式。"俄国人说："这我也能啊！"美国人说："你也能？"他说："是啊，我可以走进克里姆林宫，走到总书记办公室，敲着桌子对他说，总书记先生，我不喜欢里根总统的治国方式！"

　　戈尔巴乔夫从他的乡间大宅的别墅出来，回克里姆林宫有点来不及了，豪车和司机在外面等着他，他让司机坐后排，他来开车，然后一路狂飙，从两名摩托骑警身边经过。一名警察去追他的车，而这警察很快就回来了，同伴问：给他开罚单了吗？他说：没开……

　　"啥？"同伴惊讶地问，"为啥没开啊？"

　　"哦，"他说，"这人身份太厉害了。"

　　"那个，"同伴说，"上面说逮到谁都开罚单啊，无论是谁都得罚啊。"

　　"哦，"他说，"不行、不行，这人……我真不能罚。"

　　同伴问："这人是谁啊？"

　　他说："我没认出来，但他的司机是戈尔巴乔夫！"

还有许多类似的政治笑话。

斯大林去看一场苏联喜剧电影的首映式。在影片播放时他一直快活地大笑，不过在电影结束之时他突然问道："好吧，我喜欢这电影。可为什么那个丑角的小胡子和我的一样？"

所有人都噤若寒蝉，只有一人怯怯地提议道："斯大林同志，要不要让演员把胡子剃了？"

斯大林答道："好主意，枪毙前先把胡子剃了。"

赫鲁晓夫前来参观前卫派的美术展览。

"这对该死的绿点和黄点是什么？"

"这幅画，赫鲁晓夫同志，是表现我们英勇的农民在努力完成生产两亿吨谷物的计划。"

"啊……哦……那这堆黑三角和红条条呢？"

"这幅画描绘了工厂中我们英雄般的产业工人。"

"那这个长耳朵的肥屁股呢？"

"赫鲁晓夫同志，这不是画，是镜子。"

勃列日涅夫把老母亲从乡下接到莫斯科，骄傲地展示自己的豪华别墅、名贵家具、高级汽车。老太太说："孩子啊，这一切好是好，但共产党来了怎么办？"

马克思早就作出了精准的论断，在经济上占统治地位的阶级，它的思想也必然在意识形态领域占统治地位。现在我们在经济上取得了不错的成绩，但是意识形态领域问题很大，资产阶级自由化的思潮严重侵蚀了中国的知识分子、教育机构、社会精英。邓小平同志在南方谈话中语重心长地强调："在整个改革开放的过程中，必须始终注意坚持四项基本原则""资产阶级自由化泛滥，后果极其严重。特区搞建设，花了十几年时间才有这个样子，垮起来可是一夜之间啊"。说意识形态领域关系到国家的生死存亡一点儿也不过分。一个没有军事实力的国家，难免一打就败；而一个没有意识形态防线的国家则会不打自败。

● 舆论战就在你身边

美国的对华舆论战一直在进行，从未松懈。今天的美国正顺着布热津斯基为美国全球战略制定的三条战线，以军事力量为"正兵"，以经济和文化力量为"奇兵"，以网络为主要通道，同时对伊斯兰世界、俄罗斯和中国发起全面的"信息思想战"①。"新型战争"比贸易战的破坏更大。克林顿卸任后曾毫不顾忌地宣称："美国不是通过武力，而是通过信息、国际交流以及类似的软手段来破坏中国的共产主义制度，在中国对此持任何异议的人都无法阻止它。"

不要以为舆论战和你没关系，你身边的很多人都在潜移默化

① 戴旭：《美国是如何在全球策动"颜色革命"的？》，《国防参考》，2014年10月29日。

地被影响，渠道就是"福特基金会""洛克菲勒基金会""卡内基基金会"等这样看似无害的组织。他们给研究机构提供资助，邀请他们到美国进行"访问研究"。他们也不是零星地资助几个经济学家，而是对中国经济、政治、文化各界进行全面的诱导和渗透。比如20世纪80年代"福特基金会"推出的"福特人才培养计划"，资助了大批国内精英到美国著名大学学习、研修。这些人如今已成为中国经济界的骨干力量。2008年3月20日"福特基金会"北京办事处举办招待会，欢送在中国工作9年的首席代表华安德。整个招待会大概邀请了400多人，其中绝大部分人都来自中国政府的各重要部门，也有科研、教学和政策咨询部门的知名专家学者。参加招待会的这些人无一例外地都接受过"福特基金会"各种形式的资助。一位与会者曾感叹：参加者人数如此之多、层次如此之高、学科范围如此之广，给人留下了深刻的印象。而这20年的资助大概只花了4亿美元，效果之好令人震惊。4亿美元就获得了在中国学术界和知识精英阶层如此规模的影响力，而其潜在的影响力更是无法估量。这些人都是关键时刻可能为美国鼓吹，搞垮中国的主力军。

未来美国依旧会充分利用舆论战，在中国的西藏、新疆等民族问题上做文章，利用互联网新媒体和国内的经济矛盾掀起中产阶级对政府的不满，利用中国香港和中国台湾从事分裂中国的行为。美国驻华官员也曾亲自走上王府井，试图复制"茉莉花革命"，还在竞选美国总统的电视辩论中说"要联合中国互联网上的盟友，以此扳倒中国（Take China Down）"。

中美对决几乎可以肯定，美国会通过扶持代理人的方式挑战中国。等两败俱伤时他再出面调停或者直接出兵，坐收渔翁之利，我们不能不警惕。

第二节　中国的应对办法

中国没得选择——必须首先用举国之力发展中国高端制造，跻身世界一流国家！其他的战略都要排在这之后。

贸易战无论输赢，我们都要发展高端制造业，避免陷入中等收入陷阱，只有这样才可以在国际竞争中争得一席之地，才可以把制造能力转换为军事能力，保护人民的利益。这是世界发展的必然规律，不以谁的意志为转移。然后我们需要重塑以人民为中心的意识形态，扫除新自由主义的不良影响。

金德尔伯格的《世界经济霸权（1550—1990）》阐明了一个观点：一个霸权从强大到衰落就是从生产性到非生产性的变迁。而衡量非生产性的直接指标就是贸易能力，因此我们可以说，贸易能力下降即国家能力下降，而且历史上还没有例外。中国现在是全球120多个国家的最大贸易伙伴，制造业增加值超过美国和日本的总和。所以从历史的角度看，中美贸易战中国必胜！

市场是科研的最大推力

中国在40年内成为世界第二大经济体，取得了一系列经济奇迹。从经济学的角度讲，我们有廉价劳动力，国民普遍受过9年义务教育，再加上"亚洲四小龙"转移劳动密集型产业的国际机遇，这一切促成了 20 世纪 90 年代的经济腾飞。在经济转型升级的过程中，中国抓住历史机遇，发展了互联网、高铁、大飞机等更高端的制造业，在高等教育、知识产权保护等方面也做得越来越好。这些因素都没有发生重大改变，即便是劳动力成本最近十年大幅上涨，这也是劳动者工资和中国经济共同成长的结果，是经济规律使然。

中国庞大的国内市场是中国的互联网、高铁、大飞机、石油全产业链、智能电网等一系列领先世界的产业能够发展起来的根本原因。因为市场是最强大的科研驱动力！

为什么中国能做出来大飞机？ 技术只是一方面，俄罗斯完全具备制造大飞机的能力，可是它在国际市场上根本竞争不过波音、空客。为什么？ 因为它没有庞大的国内市场可以独立养活一个大飞机制造产业。虽然俄罗斯国土面积很大，但是整个人口和经济中心都集中在欧洲部分，而且总人口只有 1 亿多，从生产大飞机这个角度讲，它只是一个欧洲大国。所以和中国联合研发 C929 是无比正确的选择，再晚几年我们自己都会了。

欧洲也一样，不是没有技术，英国就能生产出来飞机发动机（劳斯莱斯就是生产飞机发动机的），这被称为工业制造的皇冠。飞机的其他部分就不用多说了，德国也都能造出来。正是因为欧洲看到了市场不足，这些国家才联合到一起，英、法、德、西等国一起持股，大家一起搞一架飞机，和美国的波音竞争。它们为什么要这么做？ 不是技术需要，而是市场需要！ 大家都是股东，这意味着大家生产的飞机有一个共同的市场！ 这个市场能够维持飞机的生产、科研补贴，然后才可以考虑和波音竞争国际市场。

为什么今天的中国敢研发大飞机，因为我们很清楚，飞机做出来，即使不靠外国市场，中国也能养活它。飞机还没试飞的时候就获得东航、南航等航空公司 400 多架订单，现在已经有 815 个订单了。回头看看"运-10"下马的前因后果，波音就是抓住了市场这个关键节点，通过各种手段运作，最后，民航总局直接给中央打报告说，我们拒绝采购中国生产的飞机。这一下子给国产大飞机判了死刑。今天，我们不会再犯这样的错误，习近平总书记 2014 年 5 月 23 日视察中国商飞设计研发中心时说："中国是最大的飞机市场，过去有人说造不如买，买不如租，这个逻辑要倒过来，要花更多资金来研发、制造自己的大飞机。"一次次血的教训告诉我们，他们就是要千方百计遏制中国发展高科技，遏制中国加入富国俱乐部。

互联网也一样，没有中国庞大的国内市场，我们怎么可能短时间内在这些方面培育出世界级的企业。欧洲为什么没有能和美国媲美的互联网公司，原因就是没有庞大的统一市场，大家语言不同，甚至法律也不同。所以美国有谷歌，中国有百度，欧洲有什么？美国有 Twitter，中国有微博，欧洲有什么？美国有 line、messenger、Skype，我们有 QQ、微信，欧洲有什么？美国有亚马逊、eBay，中国有淘宝、京东，欧洲有什么？

高铁方面更是如此，中国的高铁技术一开始是引进国外的，包括日本川崎、德国西门子、法国阿尔斯通等。请问，为什么它们不继续研发，抢占世界市场，而让中国捷足先登，成为高铁领域的世界第一呢？原因就是中国的庞大市场。2004 年我国 200 公里铁路动车组招标，我们铁道部在标书中明确了3个原则：第一，关键技术必须转让，投标前国外厂商必须与中国国内机车车辆企业签订完善的技术转让合同，如果没有做到这一点就取消投标资格。第二，价格必须最低，铁道部在招标前率先摸清了全球的高铁市场价，定的原则是比市场价低30%。第三，必须使用中国品牌。接受了这三个原则才能继续下去，否则你不要进入中国市场。外国厂商也不傻，一看你这是要自己学技术，以后不带我们玩儿了。所以他们把订单量签得很大，比如一次就要卖给你几十列高铁动车组，把钱赚足。他们的计划是这样的，日本川崎重工的预计，我们在引进他们技术后至少要16年时间才能消化吸收，之后才能谈创新。原因很简单，他们卖给我们东西的时候只告诉你如何读图，如何操作，不告诉你怎么设计。所以预计要16年才能消化吸收。这段时间他们足以继续研发更新更快的高铁，16年后继续卖给我们。

为了获得整体技术，我们一共给这些国外巨头开出了880列高铁的天量订单。引进技术也没什么丢脸的。世界第一个商业运行的高铁，日本新干线也是引进的技术，动力分散系统、空气弹簧技术源自美国，交流供电技术源于匈牙利，无砟轨道源自德国，转向架技术来自英国。日本把它们消化吸收了而已，中国引进技术也是一样的原理。

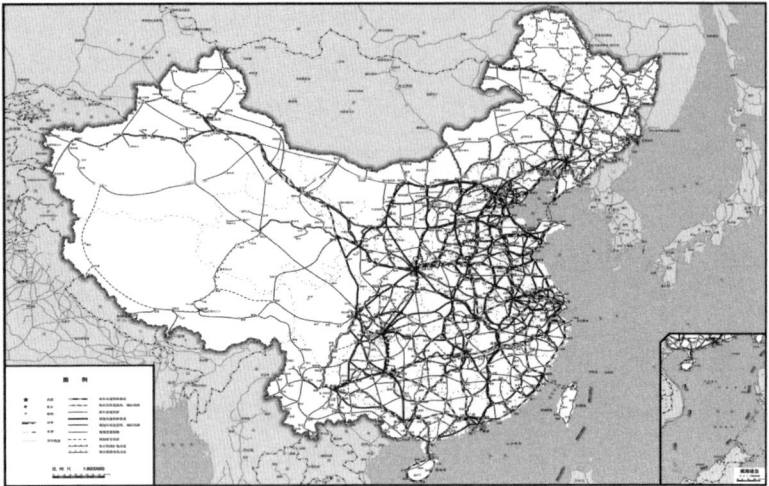

中长期铁路网规划图

来源：国家发改委《中长期铁路网规划（2016—2025）》。

　　即便我们买了880列高铁，剩下的市场还需要中国自主研发的车辆填补。截止到2018年年底中国运行的高铁动车组共3303组，除了前面的880组是进口的或者在华组装，之后的都是我们国产的，未来还要产更多。这是所有小国不具备的优势。不是人家没有研发能力，而是它们没有那么庞大的国内市场！研发出来也不确定能够卖出去，所以公司不敢也没必要研发。看看中国的《中长期铁路网规划（2016—2025）》就知道，我们计划到2020年再修1.1万公里高铁，3万公里普通铁路。2025年再修2.5万公里普通铁路，8000公里高铁。目标是用普通铁路连接所有20万人口以上的城市，高铁连接所有50万人口以

224

上的城市，这就是社会主义国家的制度优势，我们的企业当然敢努力研发！中国的第二代高铁产品就已经不需要给国外付技术使用费了，因为我们比它更先进。第三代产品"复兴号"已经全面领先世界了，从技术标准，到整体设计，到核心零部件，完全是中国设计与制造。

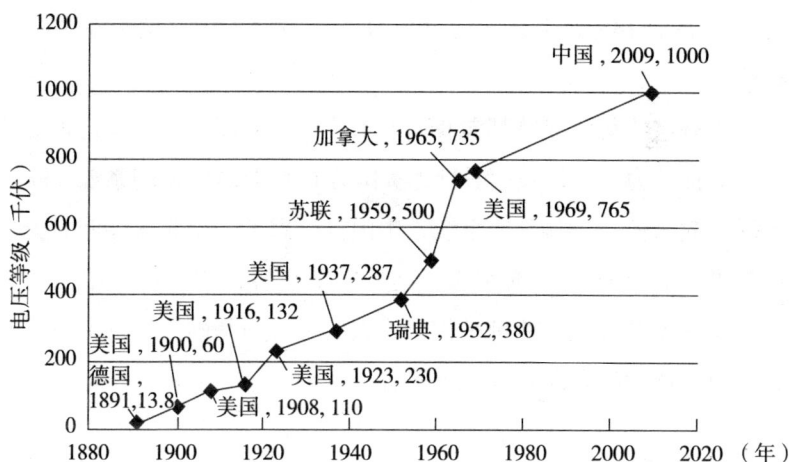

资料来源：刘振亚：《全球能源互联网》，中国电力出版社 2015 年版。

中国的特高压电网建设世界第一，原因也是中国有全世界最庞大的市场。

2009 年中国投运世界第一条 1000 千伏特高压线路。目前建成投运 9 条，在建 13 条，未来还要开工建设的特高压工程 12 条，一共 34 条。特高压的重要设备全部国产，因为国外没有相关产业。截至 2015 年，国家电网公司已成功运营巴西、葡萄牙、澳大利亚、意大利、菲律宾、中国香港等国家和地区的骨干能源网。2030年还要和俄罗斯、蒙古等周边国家用特高压互联。

美国的电网系统是一团糟。按照美国能源部（DOE）统计，70%的输电线路和电力变压器运行年限在25年以上，60%的断路器运行年限超过30年。所以美国一碰到大的自然灾害就停电。世界重大停电事故一共发生过25次，美国占了6次，累计负荷损失15142万千瓦，居世界第一，中国1次，发生在中国台湾。

所有这些科研成绩都向我们展示了一个道理，市场是科研最强大的推动力。所以我们看到，美国有GPS全球定位的系统，欧洲联合起来搞一个伽利略系统，中国自己做了一个北斗导航。美国有波音，欧洲几个国家联合起来做了空客，中国搞了中国商飞。每一个高科技产业都是依靠庞大的市场做基础，每一个高科技产业的背后都有政府力量在推动。

高科技研发离不开政府主导

不要相信那些市场原教旨主义者的话，更不要相信美国的宣传，而要仔细看美国是怎么做的。下页图是美国的科研经费来源，你会发现，基础研究基本都是政府在花钱，其次是高等教育机构。企业的研发主要停留在应用研究和开发研究，也就是如何把技术变成商品。但是前端的基础工作必须是大学和政府完成。因为基础性研究不能直接产生收益，所以这活儿必须政府主导着干。这是我们要学习美国的地方。

美国科研经费来源

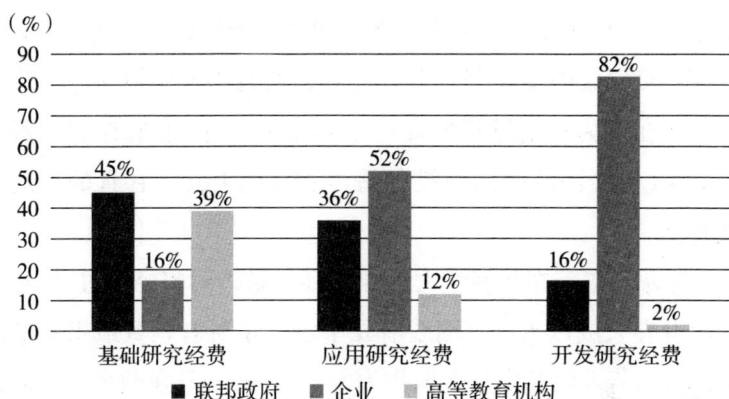

前面讲芯片产业时我们讲过，1974 年日本政府直接把几大半导体企业集中到一起，直接给经费让大家进行科研攻关。美国解散日本的半导体联盟后自己也用同样的做法，每年 10 亿美元外加 14 家半导体企业每年 1% 的营业额都用于半导体联盟的基础研发。毫无例外，都是政府主导！

你能想象到的、看到的美国先进科技全部都是美国政府主导的。1942 年的"曼哈顿计划"，政府共动员 15 万人，历时 3 年，耗资 20 亿美元，实现了原子弹爆炸。1957 年的"阿波罗计划"，政府动员上百个研究机构、120 所大学、2 万多家企业，共计 30 万人，历时 11 年，耗资 255 亿美元，实现登月。1983 年的"星球大战计划"，发展了航天产业，拖垮了苏联。1993 年的"先进技术计划""国家信息高速公路计划"，开启了人类社会的互联网时代。2006 年的"美国国家竞争力计划"，2009 年的"国家宽带计划"，2011 年的国家纳米计划，2016 年美国国家科学技术委员会发布"美国国家人工智能研究和发展战略计划",2018 年 9 月发布"美国国家量子信息科学战略计划",等等。美国政府不断制订科技计划,而且一直坚持实施,每年都实实在在为计划进行投资。比如 2011 年的纳米计划,截止到 2018 年美国政府已经投资超过 252 亿美元,它真的不是说说而已。

比尔·盖茨在接受《大西洋月刊》采访时曾经说过:"从第二次世界大战以来,美国政府几乎定义了所有领域最重要的研发,而私营部门其实是无所作为的。"有些人只强调企业才是创新主体,这明显是一叶障目。

从 2009 年开始,白宫科学与技术委员会每年都发布《美国创新战略》年度报告。在报告中,列出一批政府鼓励优先发展的产业。2018 年 10 月,美国发布了《先进制造业美国领导力战略》,列出了美国产业发展的三大目标:"开发和转化新的制造技术,教育、培训和集聚制造业劳动力,扩展国内制造供应链的能力。"还列出了未来发展的五个技术重点领域:未来智能制造系统、先进材料和加工技术、先进生物与医药技术、领先集成电器设计与制造以及粮食与农业制造业。其性质和中国的"中国制造 2025"是一样的,而且政府持续给大量补贴。中国要发展高科技,首先要学习美国这一点!必须大力补贴基础科研。

补贴科研并不意味着所有钱都花给大公司。美国小企业创新研究计划(SBIR)规定:研究和开发的年度经费超过 10 亿美元的联邦政府部门(包括国防部),每年必须拿出不少于 3.2% 的研究和开发经费支持小企业技术创新活动。小企业技术转移计划

（Small Business Technology Transfer Research Program，简称 STTR）则规定：研究和开发的年度经费超过 10 亿美元的联邦政府部门（包括国防部），每年再拿出不少于 0.45% 的研究和开发经费资助产学研合作，尤其是技术转化。而且这两个计划都规定：政府支持研发的对象，其公司法人必须是美国国籍，公司必须设在美国本土，员工中至少 51% 是美国公民。所以它对于企业本土化的要求是很高的。这些具体措施我们学会了，美国就受不了了。因为市场和政府这"两条腿"我们都具备了。

现在中国明确要发展信息化产业，发展自己的芯片。这必将迎来中美国家意志的对决，不是简简单单几家企业之间的竞争。当企业大到一定程度就和国家绑在一起了，这本来就是大国之间战略竞争的重要组成部分。

客观面对，不骄不躁

庞大的国内市场就是中国发展强大的推动力，强有力的政府能够引领创新。这两个因素至今没变。从 2003 年到 2018 年，我们已经在短短 15 年的时间里，人均 GDP 从 1000 美元跃升到 9000 美元，已经排在全世界前 25% 的位置。同时我们也看到，中国内部差异极大。最前面的 10%，大约 1.4 亿人，他们大多分布在一二线城市，人均月可支配收入应达到 8000 元左右，光这群人，就能支撑起世界第一的出境游客数量。

除一二线城市外，我们还有两千七百多个县城，两百多个地级市。这是城市化的主力地区，这里也生活着 4 亿—5 亿人。他们普遍过着比大城市（北京、上海、深圳）更安逸一点的生活。

公务员是这些城市人群的工作首选，其次才是去公司打工。这里也活跃着无数的中小企业主、淘宝卖家，等等。他们是经济活动的主体。

第三个群体是奔波在路上的农民工，田里为生计操劳的农民，在生产线上如机器人一般奉献着青春的打工者，他们几乎不会在公共网络上发出自己的声音。如果没有拼多多、抖音，一二线城市的你甚至都不知道还有这么多中国人每天都在用山寨品牌，而且乐此不疲。他们是中国沉默的大多数，他们大约有6亿人。他们也是中国持续发展的巨大潜力所在。

除了这三个群体外，还有广大的农村、偏远山区、革命老区等极端贫困地区，他们有1.4亿人。把所有这些人群加起来，这才是一个14亿人的完整中国，也是一个14亿人的庞大市场，它的经济潜力、社会弹性之大超乎想象。把14亿人的庞大市场巩固好，面对一切危机我们都能转危为机。

我相信这个世界依然处于社会主义和资本主义两条道路、两种前途的博弈中。我相信马克思对资本主义制度的分析没有过时，经济危机依然周期性地发生，只不过从过去的产品危机变成了金融危机。

我相信世界的希望在中国，邓小平说："社会主义的优越性归根到底要体现在生产力比资本主义发展更快、更高。"过去40年中国已经用实际行动证明了社会主义市场经济在创造财富方面的成就，未来三十年中国将在"中国制造2025"的指引下，在高科技领域取得一系列突破，逐步进入发达国家行列，这也是社会主义优越性在发展生产力方面的集中体现。不远的未来，我们会看到社会主义制度在分配财富方面的巨大优越性，贫富差距将大幅缩小，那才是我们社会制度的核心竞争力，也是我们与资本主义制度的本质差异。

后　记

写作本书源于中美贸易摩擦。

本书第一稿名字是《贸易战下的中国与世界》，初稿首先给朱嘉明教授和资深编辑许剑秋帮我把关审阅，他们给我提出了很多宝贵的意见，也促成了本书的巨大调整。朱教授说"观点很鲜明"，我对美国也有一些偏激的看法，在之后的版本中我删除了相关内容，让本书更贴近理性的叙述。资深编辑许剑秋过目后建议从历史的角度审视当前的贸易战，这给了我很大的启发。重新整理资本主义世界贸易战的历史，并且把中美贸易摩擦放到历史大背景下去研究的确有很多不一样的发现。比如所有的发达国家都是从贸易保护发展起来的，这和今天的教科书讲的自由贸易完全不同；比如所有发达国家最终都会走向金融，从荷兰到英国再到现在的美国，无一例外；所有的霸主国家都会警惕并且用各种方式消灭潜在的挑战者，而没有合作共赢。当然，本书肯定有很多不足之处。

把中美贸易摩擦放到资本主义社会几百年的历史中看，我们的确会更加清楚目前的态势。这是一个长期的冲突，贸易只是首先被拿到台面上的部分，中美冲突是全方位的国家与国家之间的较量。

图书在版编目（CIP）数据

贸易能力塑造国家能力 / 马行空著 . —北京：东方出版社，2021.12
ISBN 978-7-5207-2349-7

Ⅰ . ①贸… Ⅱ . ①马… Ⅲ . ①国际贸易－贸易史－世界 Ⅳ . ① F749

中国版本图书馆 CIP 数据核字（2021）第 174049 号

贸易能力塑造国家能力

（ MAOYI NENGLI SUZAO GUOJIA NENGLI ）

作　　者：马行空
责任编辑：刘　峥
出　　版：东方出版社
发　　行：人民东方出版传媒有限公司
地　　址：北京市西城区北三环中路 6 号
邮　　编：100120
印　　刷：北京文昌阁彩色印刷有限责任公司
版　　次：2021 年 12 月第 1 版
印　　次：2021 年 12 月第 1 次印刷
开　　本：787 毫米 × 1092 毫米　1/32
印　　张：7.875
字　　数：160 千字
书　　号：ISBN 978-7-5207-2349-7
定　　价：49.80 元
发行电话：（010）85924663　85924644　85924641

版权所有，违者必究
如有印装质量问题，我社负责调换，请拨打电话：（010）85924728